Impressum
Verlag: BABADADA GmbH, Nedderfeld 112 , 22529 Hamburg
Geschäftsführer / Verlagsleitung: Harald Hof
Druck: Books on Demand GmbH, In de Tarpen 42, 22848 Norderstedt

Imprint
Publisher: BABADADA GmbH, Nedderfeld 112 , 22529 Hamburg, Germany
Managing Director / Publishing direction: Harald Hof
Print: Books on Demand GmbH, In de Tarpen 42, 22848 Norderstedt

el colegio

de school

dividir
delen

186/2

el pizarrón
het bord

el aula
het klaslokaal

el patio de la escuela
het schoolplein

el maestro
de leraar

el papel
het papier

escribir
schrijven

la birome
de pen

el escritorio
het bureau

la regla
de lineaal

el libro
het boek

el alumno
de leerling

la mochila

de schooltas

la caja de lápices

de etui

el lápiz

het potlood

el sacapuntas

de puntenslijper

la goma (de borrar)

de gum

el bloc de dibujo

het schetsblok

el dibujo

de tekening

el pincel

het penseel

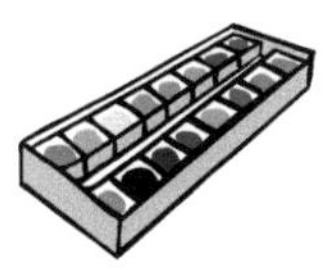

la caja de pinturas

de verfdoos

la tijera

de schaar

el pegamento

de lijm

el cuaderno de ejercicios

het schrift

la tarea

het huiswerk

el número

het getal

sumar

optellen

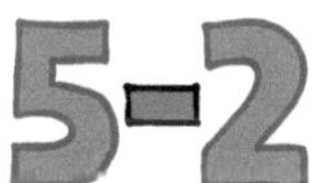

restar

aftrekken

multiplicar

vermenigvuldigen

calcular

rekenen

la letra

de letter

el abecedario

het alfabet

la palabra

het woord

el texto

de tekst

leer

lezen

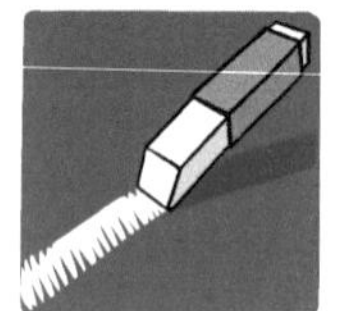

la tiza

het krijt

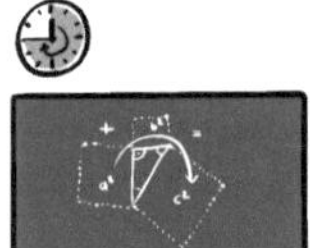

la lección

de les

el cuaderno de clase

het klassenboek

el examen

het examen

el certificado

het diploma

el uniforme escolar

het schooluniform

la educación

de opleiding

la enciclopedia

de encyclopedie

la universidad

de universiteit

el microscopio

de microscoop

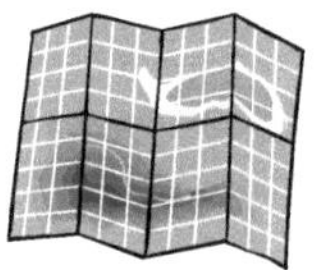

el mapa

de kaart

el tacho (de basura)

de prullenmand

el viaje

de reis

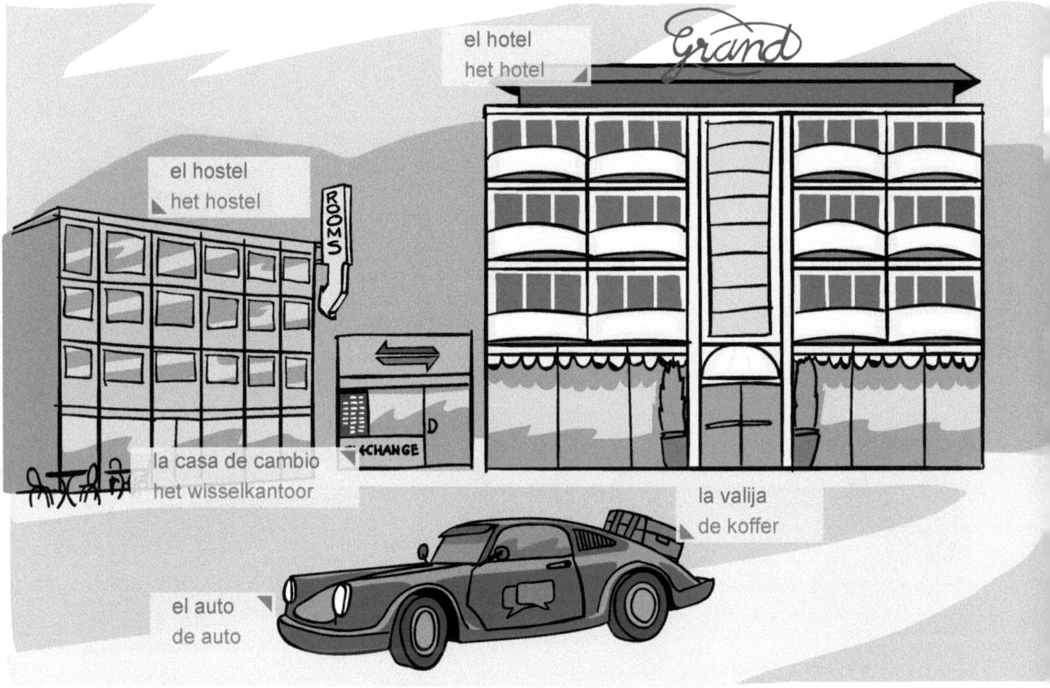

el hotel
het hotel
Grand
el hostel
het hostel
ROOMS
la casa de cambio
het wisselkantoor
la valija
de koffer
el auto
de auto

el idioma

de taal

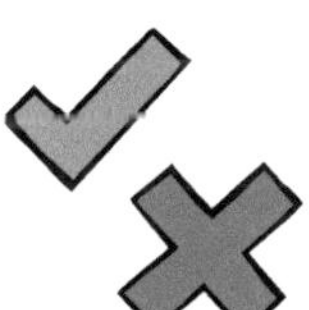

sí / no

ja / nee

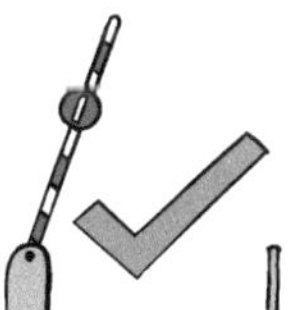

Está bien

oké

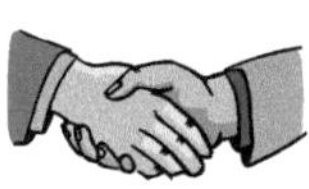

hola

Hallo!

el traductor

de tolk

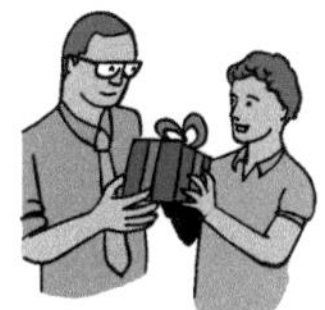

Gracias

Bedankt.

¿cuánto cuesta…?

Wat kost ...?

No entiendo

Ik begrijp het niet.

el problema

het probleem

¡Buenas tardes!

Goedenavond!

¡Buenos días!

Goedemorgen!

¡Buenas noches!

Goedenacht!

el adiós

Tot ziens!

la dirección

de richting

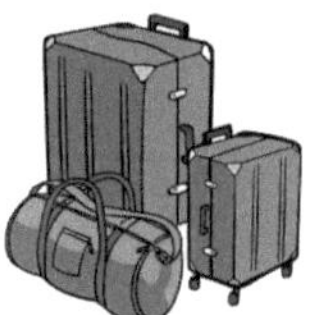

el equipaje

de bagage

el bolso

de tas

la mochila

de rugzak

el invitado

de gast

la habitación

de kamer

la bolsa de dormir

de slaapzak

la carpa

de tent

la información turística

het VVV-kantoor

la playa

het strand

la tarjeta de crédito

de creditkaart

el desayuno

het ontbijt

el almuerzo

de lunch

la cena

het diner

el pasaje

het kaartje

el ascensor

de lift

el sello

de postzegel

la frontera

de grens

la aduana

de douane

la embajada

de ambassade

la visa

het visum

el pasaporte

het paspoort

el transporte

het transport

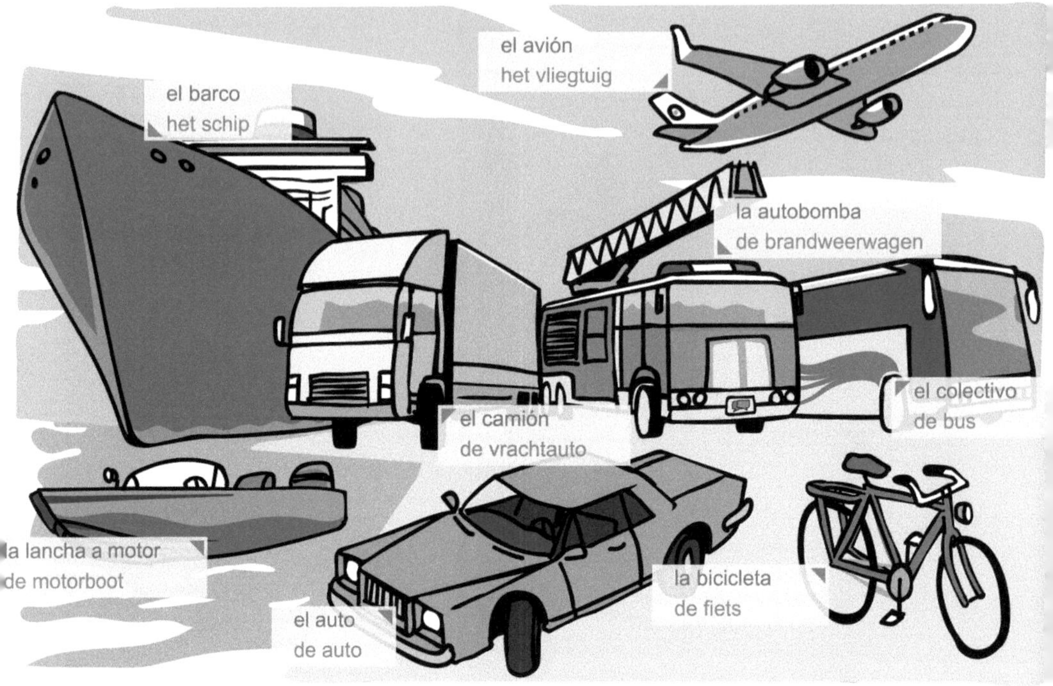

el avión
het vliegtuig

el barco
het schip

la autobomba
de brandweerwagen

el colectivo
de bus

el camión
de vrachtauto

la lancha a motor
de motorboot

la bicicleta
de fiets

el auto
de auto

el ferry

de veerboot

el bote

de boot

la moto

de motorfiets

el patrullero

de politiewagen

el auto de carreras

de raceauto

el auto de alquiler

de huurauto

el alquiler de autos

de carsharing

la grúa

de takelwagen

el camión de la basura

de vuilniswagen

el motor

de motor

la nafta

de benzine

la estación de servicio

de benzinepomp

la señal de tránsito

het verkeersbord

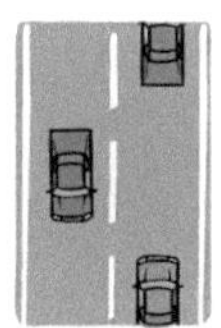

el tránsito

het verkeer

el embotellamiento

de file

el estacionamiento

de parkeerplaats

la estación de tren

het station

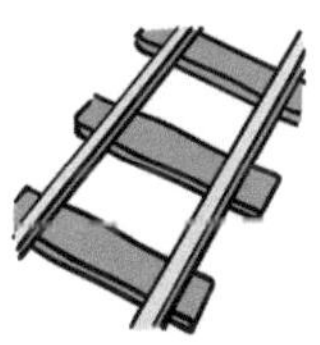

las vías

de rails

el tren

de trein

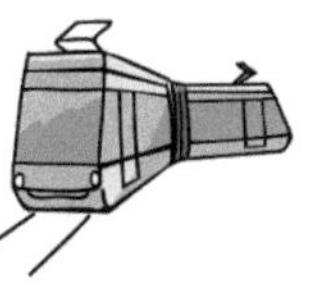

el tranvía

de tram

el vagón

de wagon

el helicóptero

de helikopter

el aeropuerto

de luchthaven

la torre

de toren

el pasajero

de passagier

el contenedor

de container

la caja de cartón

de verhuisdoos

la carretilla

de kar

la canasta

de mand

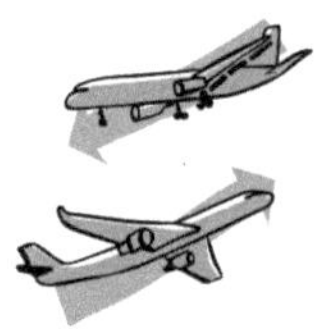

despegar / aterrizar

opstijgen / landen

la ciudad
de stad

el pueblo

het dorp

el centro de la ciudad

het stadscentrum

la casa

het huis

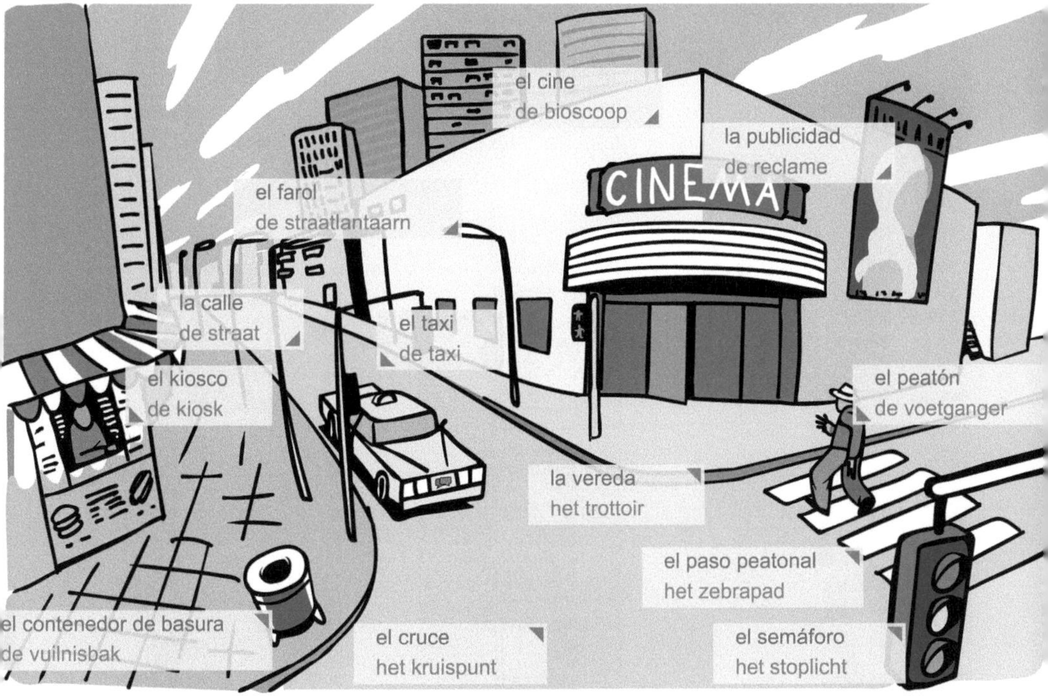

el cine
de bioscoop

la publicidad
de reclame

CINEMA

el farol
de straatlantaarn

la calle
de straat

el taxi
de taxi

el kiosco
de kiosk

el peatón
de voetganger

la vereda
het trottoir

el paso peatonal
het zebrapad

el contenedor de basura
de vuilnisbak

el cruce
het kruispunt

el semáforo
het stoplicht

la cabaña

de hut

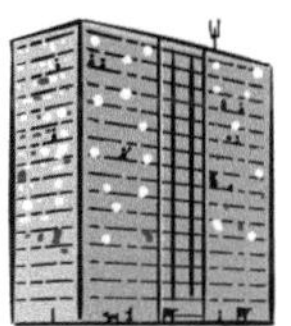

el departamento

het appartement

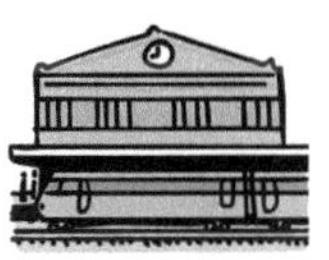

la estación de tren

het station

la municipalidad

het stadhuis

el museo

het museum

el colegio

de school

la universidad

de universiteit

el banco

de bank

el hospital

het ziekenhuis

el hotel

het hotel

la farmacia

de apotheek

la oficina

het kantoor

la librería

de boekenwinkel

el negocio

de winkel

la florería

de bloemenwinkel

el supermercado

de supermarkt

el mercado

de markt

las grandes tiendas

het warenhuis

la pescadería

de visboer

el centro comercial

het winkelcentrum

el puerto

de haven

el parque

het park

el banco

de bank

el puente

de brug

las escaleras

de trap

el subte

de metro

el túnel

de tunnel

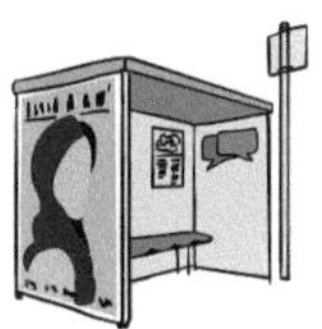

la parada del colectivo

de bushalte

el bar

de bar

el restaurante

het restaurant

el buzón

de brievenbus

el letrero

het straatnaambord

el parquímetro

de parkeermeter

el zoológico

de dierentuin

la pileta

het zwembad

la mezquita

de moskee

la granja

de boerderij

la contaminación

de vervuiling

el cementerio

de begraafplaats

la iglesia

de kerk

los juegos infantiles

de speelplaats

el templo

de tempel

el paisaje

het landschap

la hoja
het blad

el poste indicador
de wegwijzer

el camino
de weg

la pradera
de weide

la piedra
de steen

el excursionista
de wandelaar

el árbol
de boom

el río
de rivier

la hierba
het gras

la flor
de bloem

el valle

de vallei

la montaña

de berg

el lago

het meer

el bosque

het bos

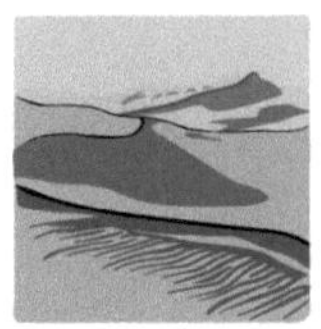

el desierto

de woestijn

el volcán

de vulkaan

el castillo

het kasteel

el arco iris

de regenboog

el champiñón

de paddenstoel

la palmera

de palmboom

el mosquito

de mug

la mosca

de vlieg

la hormiga

de mier

la abeja

de bij

la araña

de spin

el escarabajo
de kever

la rana
de kikker

la ardilla
de eekhoorn

el erizo
de egel

la liebre
de haas

la lechuza
de uil

el pájaro
de vogel

el cisne
de zwaan

el jabalí
het wild zwijn

el ciervo
het hert

el alce
de eland

la presa
de stuwdam

el aerogenerador
de windmolen

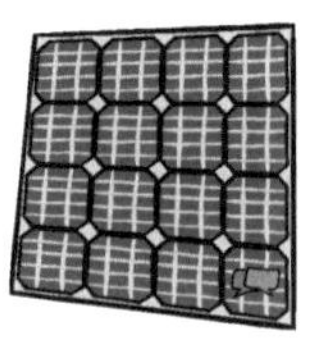
el panel solar
het zonnepaneel

el clima
het klimaat

el restaurante

het restaurant

el mozo
de ober

el menú
het menu

la silla
de stoel

la sopa
de soep

la pizza
de pizza

el mantel
het tafelkleed

los cubiertos
het bestek

la entrada
het voorgerecht

el plato principal
het hoofdgerecht

el postre
het toetje

las bebidas
de dranken

la comida
het eten

la botella
de fles

la comida rápida

de/het fastfood

la comida callejera

het eetkraampje

la tetera

de theepot

la azucarera

de suikerpot

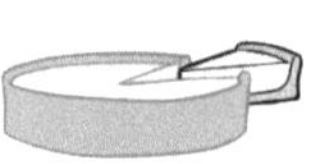

la porción

de portie

la cafetera expreso

de espressomachine

la sillita alta

de kinderstoel

la cuenta

de rekening

la bandeja

het dienblad

el cuchillo

het mes

el tenedor

de vork

la cuchara

de lepel

la cucharita

de theelepel

la servilleta

het servet

el vaso

het glas

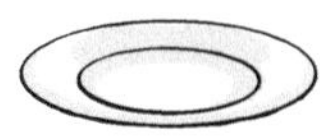

el plato

het bord

el plato hondo

het soepbord

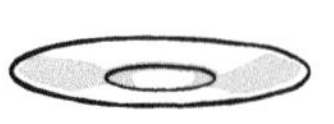

el plato

de schotel

la salsa

de saus

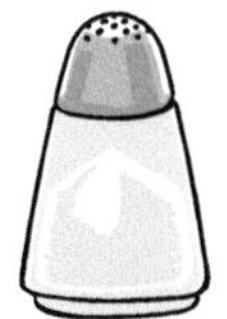

el salero

het zoutvaatje

el molinillo de pimienta

de pepermolen

el vinagre

de azijn

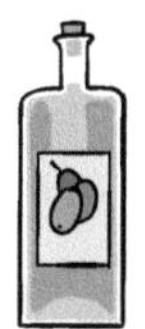

el aceite

de olie

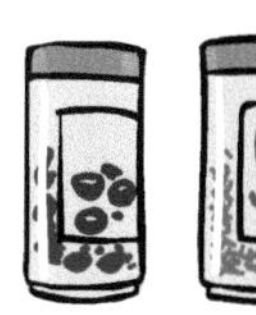

las especias

de kruiden

el kétchup

de ketchup

la mostaza

de mosterd

la mayonesa

de mayonaise

el supermercado
de supermarkt

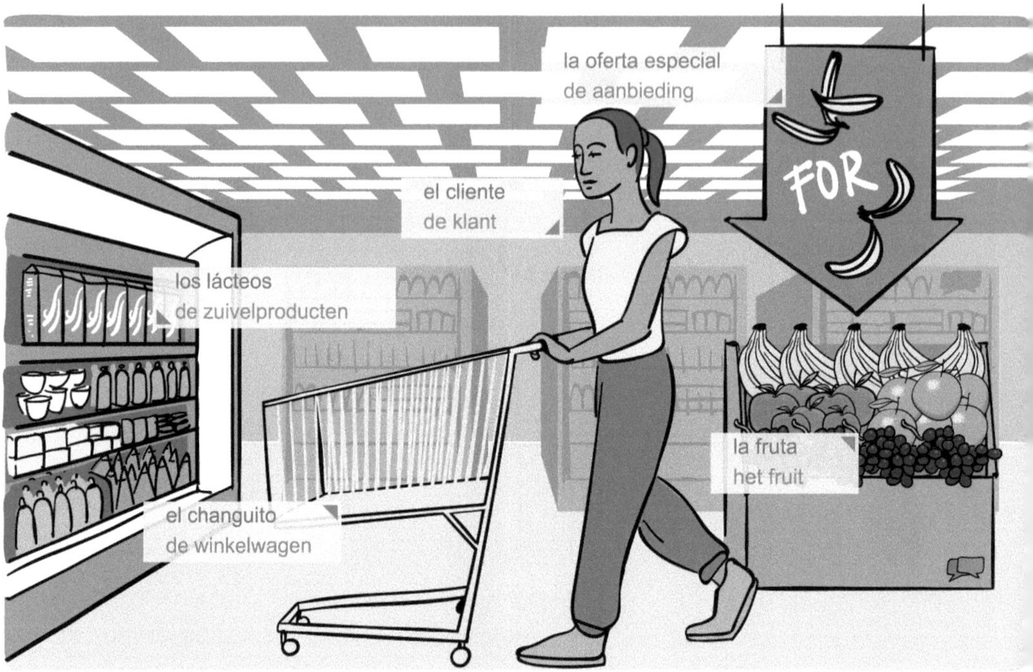

la oferta especial
de aanbieding
FOR
el cliente
de klant
los lácteos
de zuivelproducten
la fruta
het fruit
el changuito
de winkelwagen

BUTCHERS

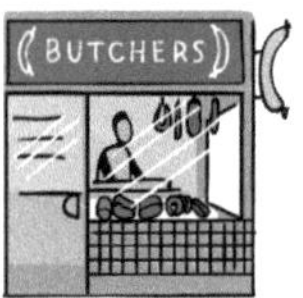

la carnicería

de slager

BAKERY

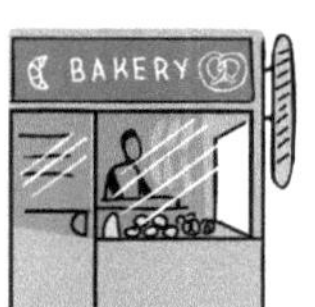

la panadería

de bakkerij

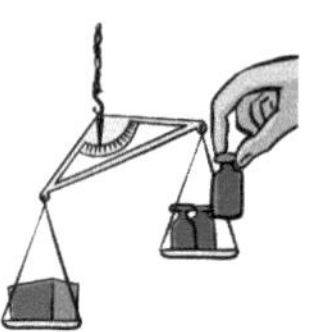

pesar

wegen

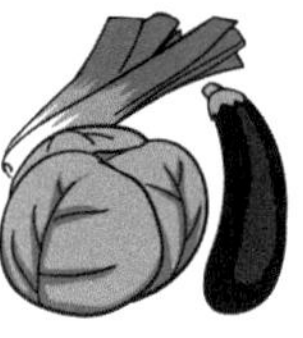

las verduras

de groente

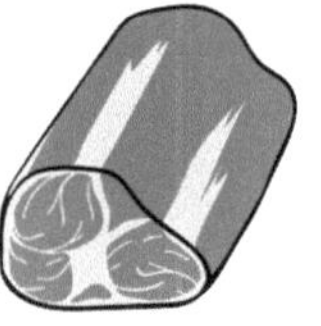

la carne

het vlees

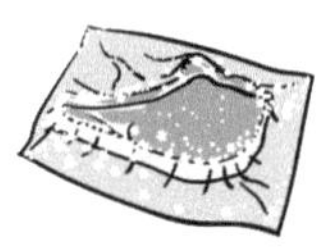

los alimentos congelados

de diepvriesproducten

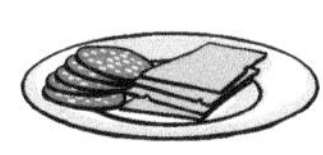

los fiambres

de vleeswaren

los alimentos enlatados

de conserven

el detergente en polvo

het wasmiddel

las golosinas

het snoepgoed

los electrodomésticos

de huishoudelijke artikelen

los productos de limpieza

het schoonmaakmiddel

la vendedora

de verkoopster

la caja

de kassa

el cajero

de kassier

la lista de compras

het boodschappenlijstje

el horario de atención

de openingstijden

la billetera

de portefeuille

la tarjeta de crédito

de creditkaart

la cartera

de tas

la bolsa de plástico

de plastic zak

las bebidas
de dranken

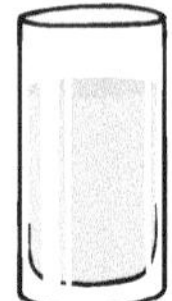

el agua

het water

el jugo

het sap

la leche

de melk

la bebida cola

de cola

el vino

de wijn

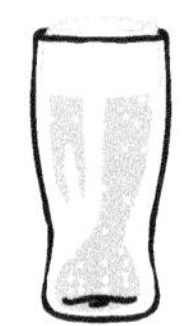

la cerveza

het bier

el alcohol

de alcohol

el cacao

de chocolademelk

el té

de thee

el café

de koffie

el café expreso

de espresso

el cappuccino

de cappuccino

la banana
de banaan

la manzana
de appel

la naranja
de sinaasappel

el melón
de watermeloen

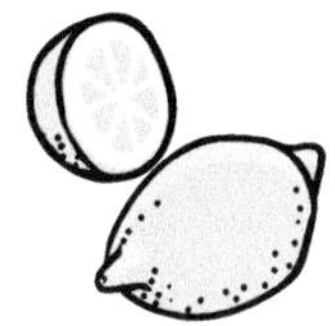
el limón
de citroen

la zanahoria
de wortel

el ajo
de knoflook

el bambú
de bamboe

la cebolla
de ui

el champiñón
de paddenstoel

las nueces
de noten

los fideos
de pasta

los tallarines
de spaghetti

el arroz
de rijst

la ensalada
de salade

las papas fritas
de friet

las papas fritas
de gebakken aardappelen

la pizza
de pizza

la hamburguesa
de hamburger

el sándwich
de sandwich

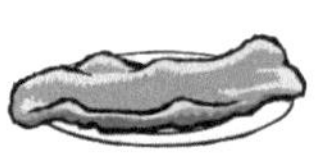

el churrasco
de schnitzel

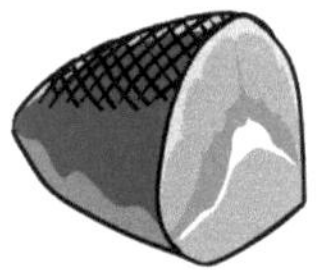

el jamón
de ham

el salame
de salami

la salchicha
de worst

el pollo
de kip

el asado
het gebraad

el pescado
de vis

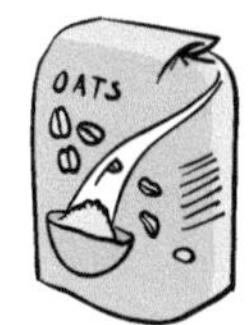

los copos de avena

de havermout

el muesli

de muesli

los copos de maíz

de cornflakes

la harina

het meel

la medialuna

de croissant

el pancito

de broodjes

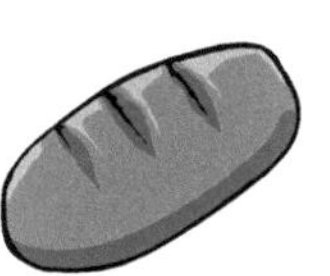

el pan

het brood

la tostada

de toast

las galletitas

de koekjes

la manteca

de boter

la cuajada

de kwark

la torta

de taart

el huevo

het ei

el huevo frito

het gebakken ei

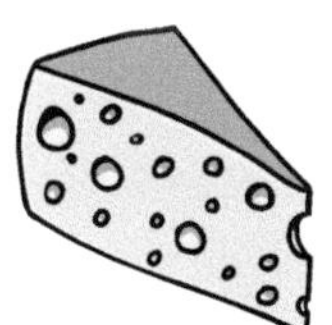

el queso

de kaas

el helado

het ijs

el azúcar

de suiker

la miel

de honing

la mermelada

de jam

la pasta de chocolate

de chocoladepasta

el curry

de kerrie

la granja
de boerderij

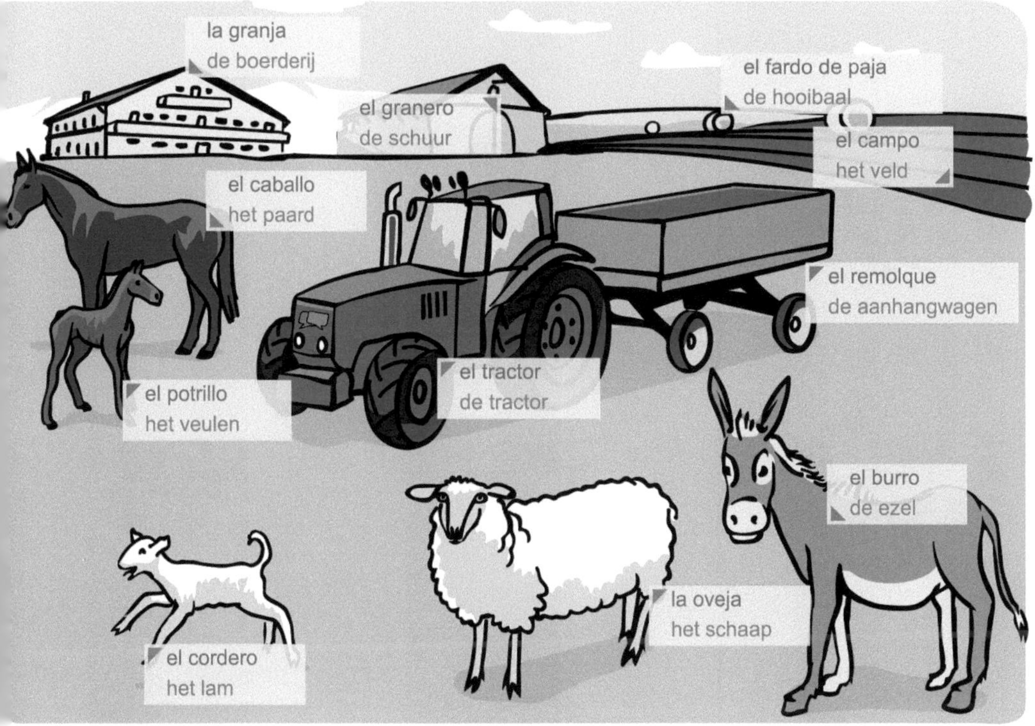

la granja
de boerderij

el fardo de paja
de hooibaal

el granero
de schuur

el campo
het veld

el caballo
het paard

el remolque
de aanhangwagen

el tractor
de tractor

el potrillo
het veulen

el burro
de ezel

la oveja
het schaap

el cordero
het lam

la cabra
de geit

la vaca
de koe

el ternero
het kalf

el cerdo
het varken

el lechón
de big

el toro
de stier

el ganso
de gans

el pato
de eend

el pollo
het kuiken

la gallina
de kip

el gallo
de haan

la rata
de rat

el gato
de kat

el ratón
de muis

el buey
de os

el perro
de hond

la cucha
het hondenhok

la manguera
de tuinslang

la regadera
de gieter

la guadaña
de zeis

el arado
de ploeg

la hoz

de sikkel

la azada

de schoffel

la horquilla

de hooivork

el hacha

de bijl

la carretilla

de kruiwagen

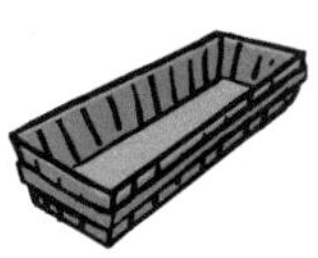

el abrevadero

de trog

la lechera

de melkbus

la bolsa

de zak

la reja

het hek

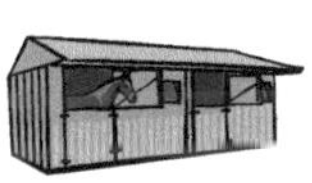

el establo

de stal

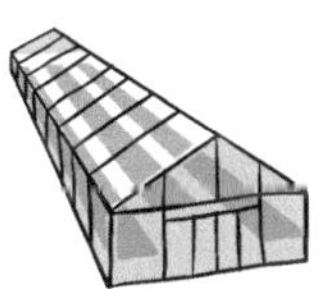

el invernadero

de broeikas

el suelo

de grond

la semilla

het zaad

el fertilizador

de mest

la cosechadora

de maaidorser

cosechar

oogsten

la cosecha

de oogst

las batatas

de yam

el trigo

de tarwe

la soja

de soja

la papa

de aardappel

el maíz

de maïs

la semilla de colza

het koolzaad

el árbol frutal

de fruitboom

la mandioca

de maniok

los cereales

de granen

la casa
het huis

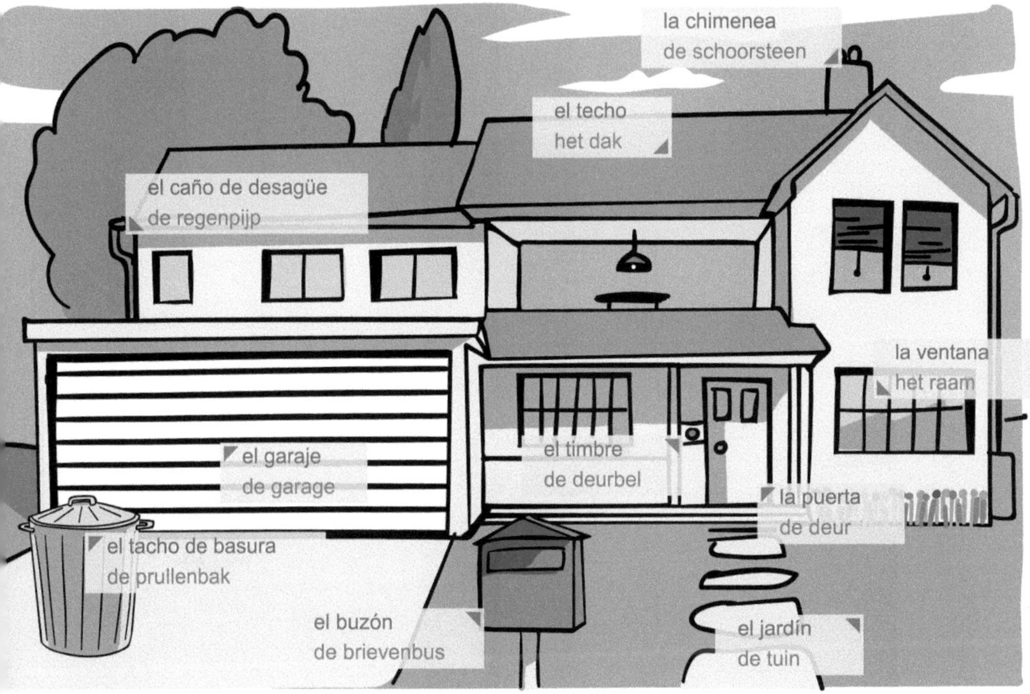

la chimenea
de schoorsteen

el techo
het dak

el caño de desagüe
de regenpijp

la ventana
het raam

el garaje
de garage

el timbre
de deurbel

la puerta
de deur

el tacho de basura
de prullenbak

el buzón
de brievenbus

el jardín
de tuin

el living
de woonkamer

el baño
de badkamer

la cocina
de keuken

el dormitorio
de slaapkamer

el cuarto de los chicos
de kinderkamer

el comedor
de eetkamer

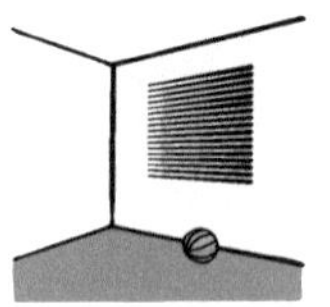

el piso

de vloer

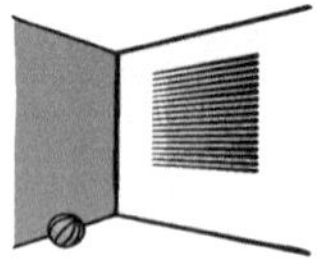

la pared

de muur

el cielorraso

het plafond

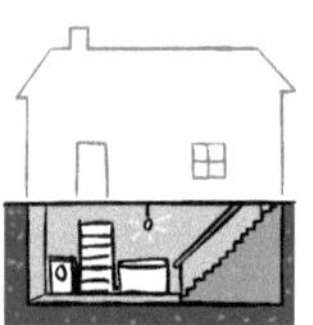

el sótano

de kelder

el sauna

de sauna

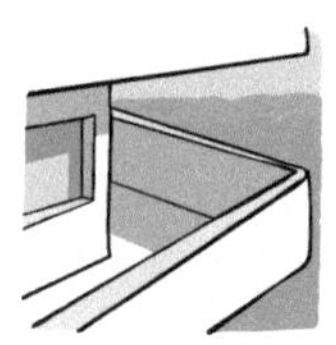

el balcón

het balkon

la terraza

het terras

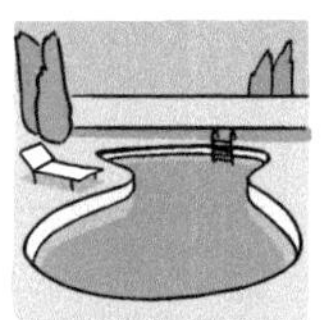

la pileta

het zwembad

la cortadora de pasto

de grasmaaier

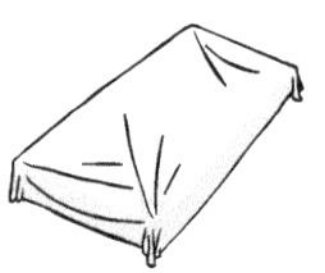

la sábana

het laken

el acolchado

de bedsprei

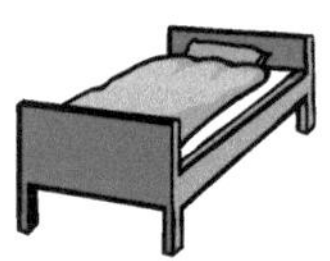

la cama

het bed

la escoba

de bezem

el balde

de emmer

el interruptor

de schakelaar

el living
de woonkamer

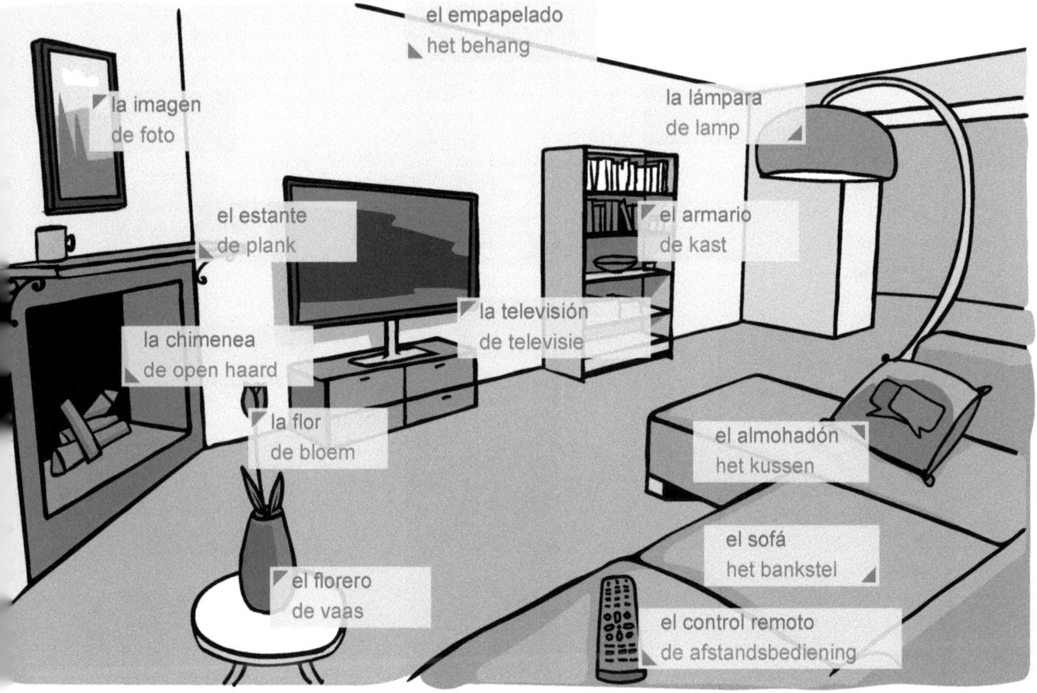

el empapelado
het behang

la imagen
de foto

la lámpara
de lamp

el estante
de plank

el armario
de kast

la televisión
de televisie

la chimenea
de open haard

la flor
de bloem

el almohadón
het kussen

el sofá
het bankstel

el florero
de vaas

el control remoto
de afstandsbediening

la alfombra
het tapijt

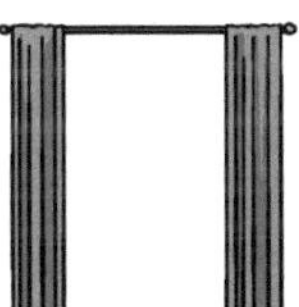

la cortina
het gordijn

la mesa
de tafel

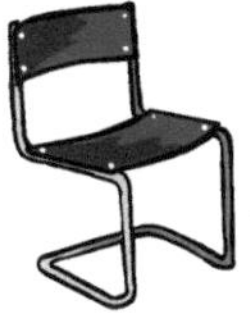

la silla
de stoel

la mecedora
de schommelstoel

el sillón
de stoel

el libro

het boek

la frazada

de deken

la decoración

de decoratie

la leña

het brandhout

la película

de film

el equipo de música

de stereo-installatie

la llave

de sleutel

el diario

de krant

la pintura

het schilderij

el póster

de poster

la radio

de radio

el cuaderno

het kladblok

la aspiradora

de stofzuiger

el cactus

de cactus

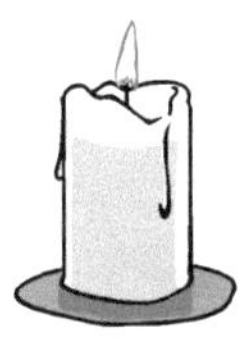

la vela

de kaars

la cocina
de keuken

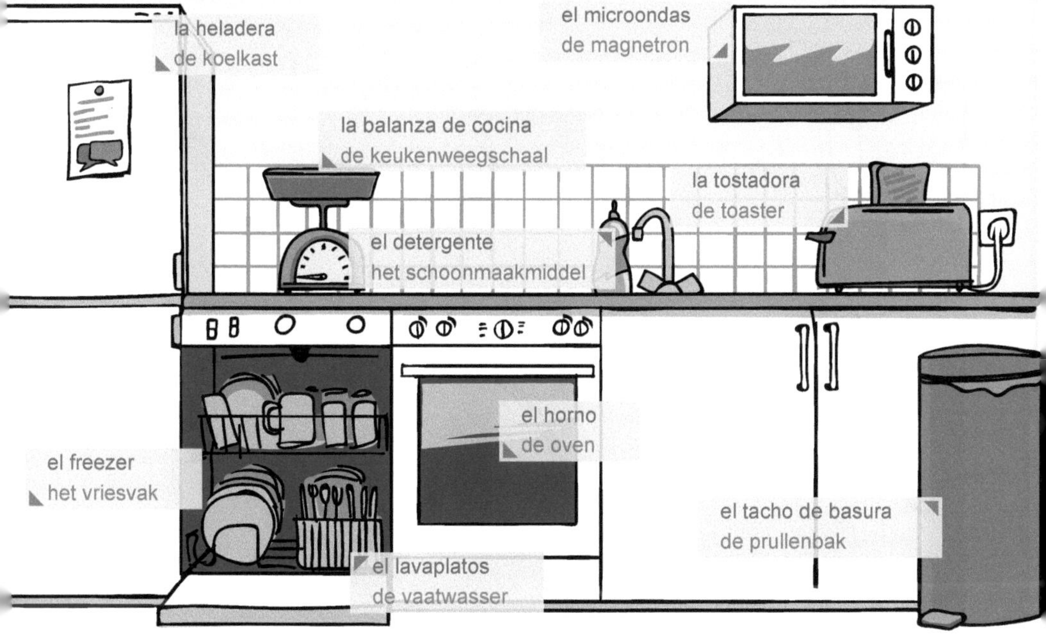

la heladera
de koelkast

el microondas
de magnetron

la balanza de cocina
de keukenweegschaal

la tostadora
de toaster

el detergente
het schoonmaakmiddel

el horno
de oven

el freezer
het vriesvak

el tacho de basura
de prullenbak

el lavaplatos
de vaatwasser

la cocina

het fornuis

la olla

de pan

la olla de hierro fundido

de gietijzeren pan

el wok

de wok / kadai

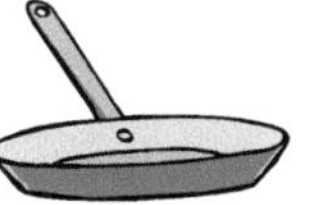

la sartén

de koekenpan

la pava

de ketel

la vaporera

de stoomkoker

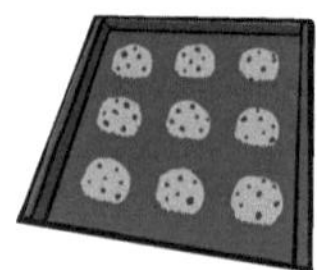

la bandeja de horno

de bakplaat

la vajilla

het servies

la taza

de beker

el bol

de kom

los palitos

de eetstokjes

el cucharón

de soeplepel

la espátula

de spatel

la batidora

de garde

el colador

het vergiet

el colador

de zeef

el rallador

de rasp

el mortero

de vijzel

la parrilla

de barbecue

la fogata

de vuurhaard

la tabla de picar

de snijplank

el palo de amasar

de deegroller

el sacacorchos

de kurkentrekker

la lata

het blik

el abrelatas

de blikopener

la manopla

de pannenlap

la pileta

de wasbak

el cepillo

de borstel

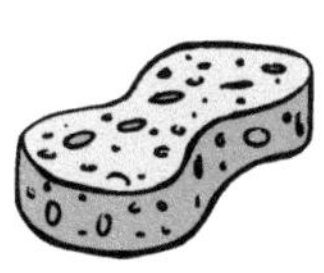

la esponja

de spons

la batidora

de blender

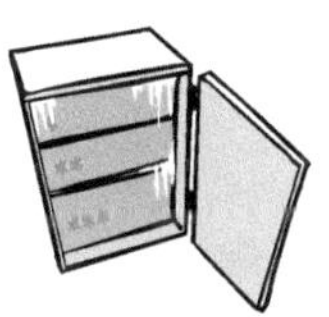

el congelador

de vriezer

la mamadera

het babyflesje

la canilla

de kraan

el baño

de badkamer

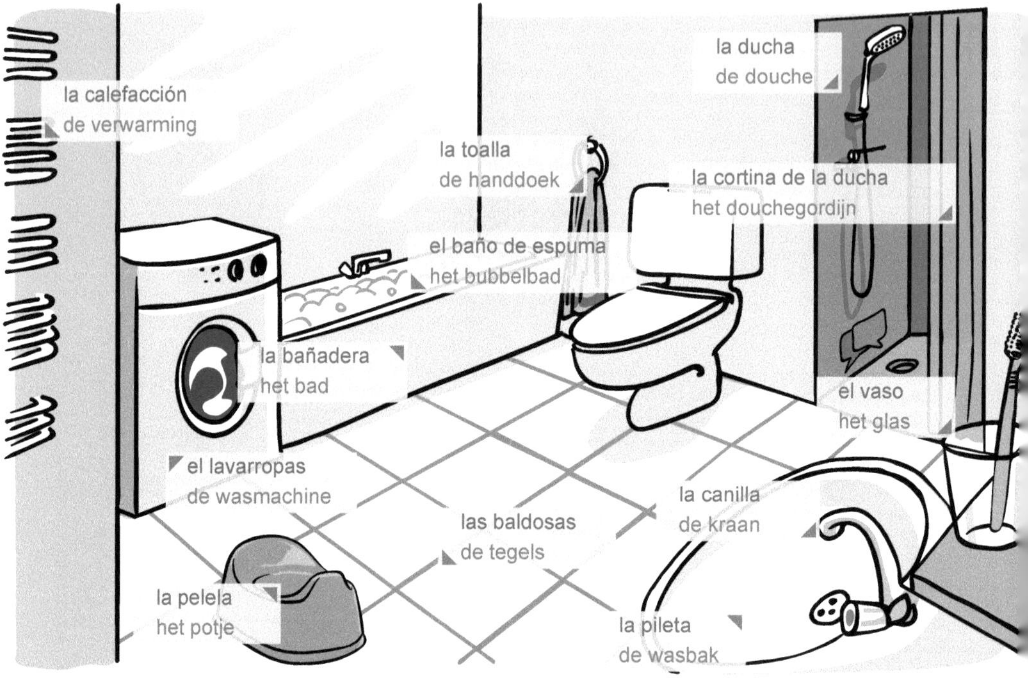

la ducha
de douche

la calefacción
de verwarming

la toalla
de handdoek

la cortina de la ducha
het douchegordijn

el baño de espuma
het bubbelbad

la bañadera
het bad

el vaso
het glas

el lavarropas
de wasmachine

la canilla
de kraan

las baldosas
de tegels

la pelela
het potje

la pileta
de wasbak

el inodoro
het toilet

la letrina
het hurktoilet

el bidé
de/het bidet

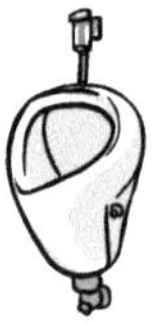

el mingitorio
het urinoir

el papel higiénico
het toiletpapier

el cepillo para el inodoro
de toiletborstel

el cepillo de dientes

de tandenborstel

el dentífrico

de tandpasta

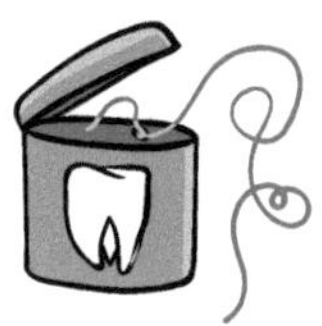

el hilo dental

het flosdraad

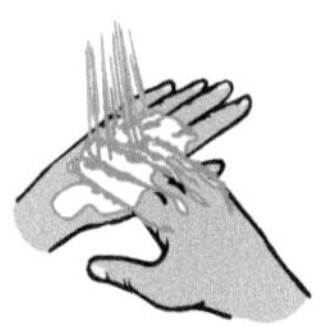

lavar

wassen

la ducha de mano

de handdouche

la ducha higiénica

de toiletdouche

la palangana

de waskom

el cepillo para la espalda

de rugborstel

el jabón

de zeep

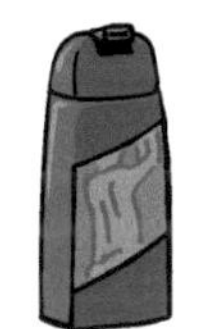

el gel de ducha

de douchegel

el shampoo

de shampoo

la toallita

het washandje

el desagüe

de afvoer

la crema

de creme

el desodorante

de deodorant

el espejo

de spiegel

el espejito

de make-upspiegel

la maquinita de afeitar

het scheermes

la espuma de afeitar

het scheerschuim

el aftershave

de aftershave

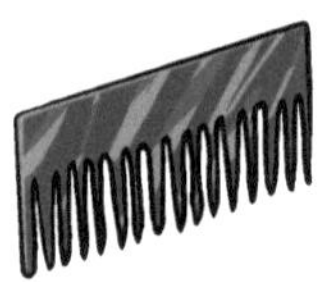

el peine

de kam

el cepillo

de borstel

el secador de pelo

de haardroger

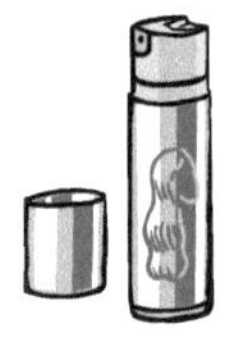

el spray

de haarspray

el maquillaje

de make-up

el lápiz de labios

de lippenstift

el esmalte para uñas

de nagellak

el algodón

de watten

la tijera para uñas

het nagelschaartje

el perfume

de/het parfum

el portacosméticos

de toilettas

la banqueta

de kruk

la balanza

de weegschaal

la bata

de badjas

los guantes de goma

de rubber handschoenen

el tampón

de tampon

la toallita femenina

het maandverband

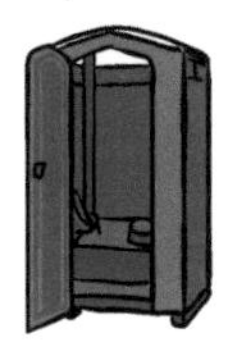

el baño químico

het chemisch toilet

el cuarto de los chicos

de kinderkamer

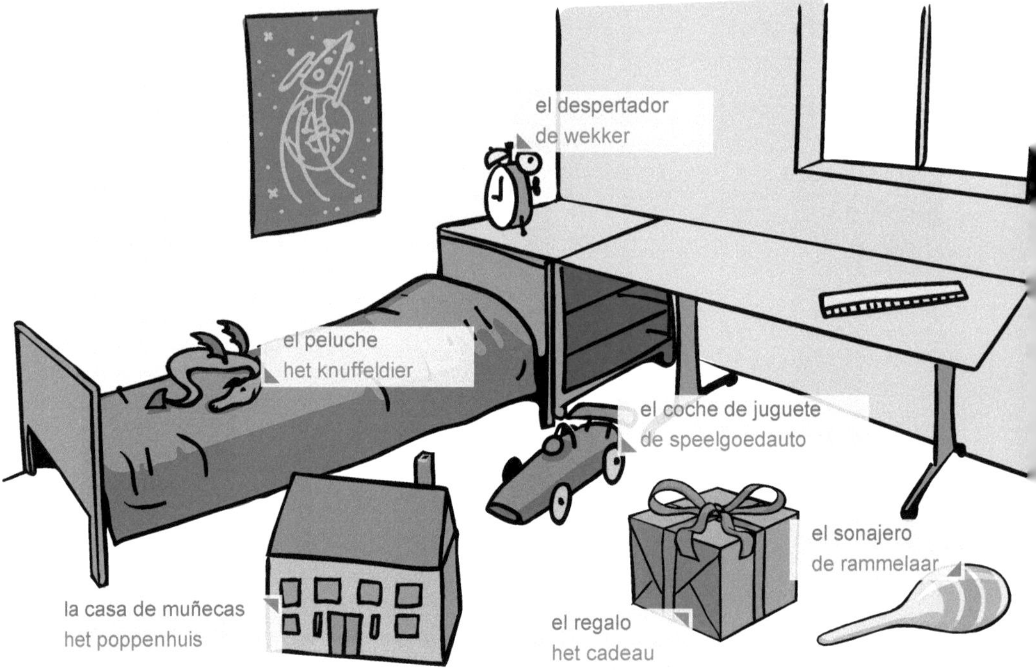

el despertador
de wekker
el peluche
het knuffeldier
el coche de juguete
de speelgoedauto
el sonajero
de rammelaar
la casa de muñecas
het poppenhuis
el regalo
het cadeau

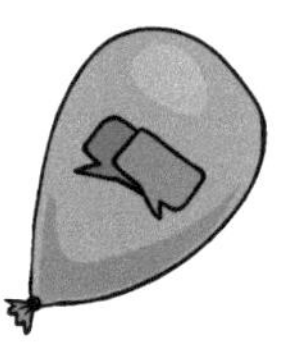

el globo
de ballon

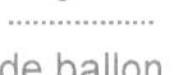

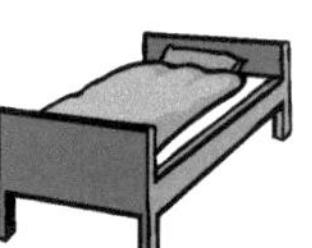

la cama
het bed

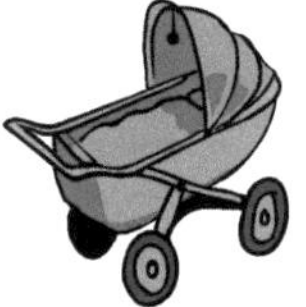

el cochecito
de kinderwagen

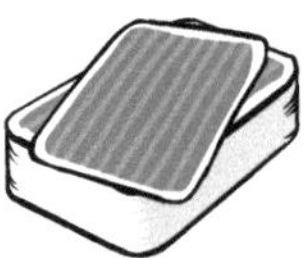

las cartas
het kaartspel

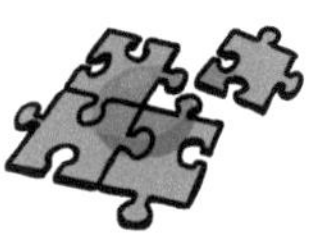

el rompecabezas
de puzzel

SUPER
MEGA
la historieta
het stripverhaal

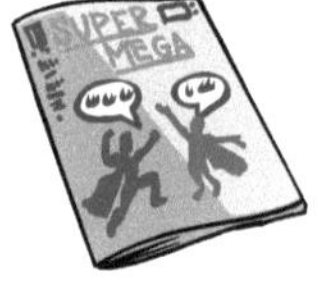

las piezas de lego

de legostenen

los ladrillos de juguete

de speelgoedblokken

la figura de acción

het actiefiguurtje

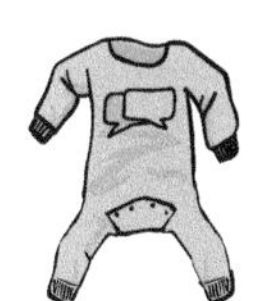

el enterito (de bebé)

de romper

el frisbee

de frisbee

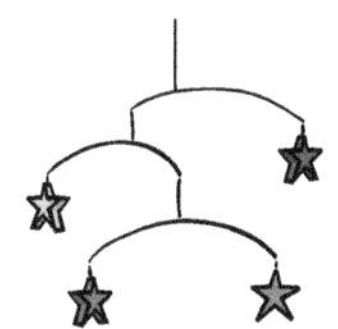

el móvil para bebés

de/het mobile

el juego de mesa

het bordspel

los dados

de dobbelsteen

el tren eléctrico

de modeltrein

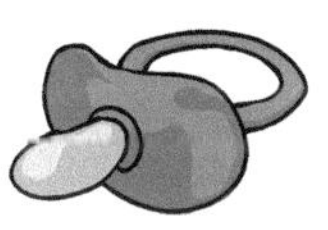

el chupete

de speen

la fiesta

het feestje

el libro de cuentos ilustrado

het prentenboek

la pelota

de bal

la muñeca

de pop

jugar

spelen

el arenero

de zandbak

la hamaca

de schommel

los juguetes

het speelgoed

la consola de videojuegos

de spelcomputer

el triciclo

de driewieler

el osito de peluche

de teddybeer

el armario

de kleerkast

la ropa
de kleding

las medias

de sokken

las medias panty

de kousen

las calzas

de panty

la bufanda
de sjaal

el paraguas
de paraplu

la remera
het T-shirt

el cinturón
de riem

las botas
de laarzen

las pantuflas
de pantoffels

las zapatillas
de sportschoenen

las sandalias
de sandalen

los zapatos
de schoenen

las botas de goma
de rubberlaarzen

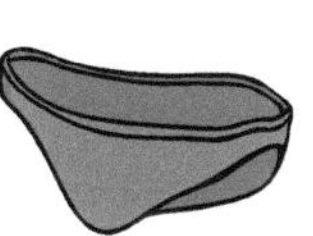

la ropa interior
de onderbroek

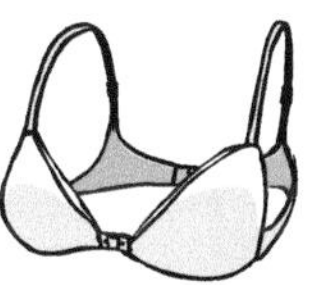

el corpiño
de beha

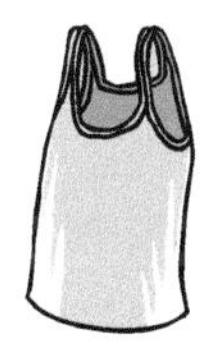

el chaleco
het onderhemd

el body

de body

los pantalones

de broek

los jeans

de spijkerbroek

la pollera

de rok

la blusa

de blouse

la camisa

het overhemd

el pulóver

de trui

el buzo

de hoody

el blazer

de blazer

la campera

de jas

el tapado

de mantel

el piloto

de regenjas

el traje

het kostuum

el vestido

de jurk

el vestido de novia

de trouwjurk

el traje

het pak

el camisón

het nachthemd

el pijama

de pyjama

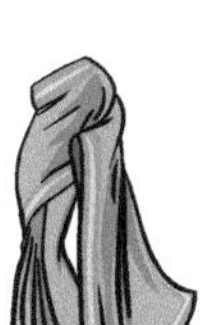

el sari

de sari

el pañuelo para la cabeza

de hoofddoek

el turbante

de tulband

la burka

de boerka

el caftán

de kaftan

la abaya

de abaja

el traje de baño

het zwempak

el short de baño

de zwembroek

los shorts

de korte broek

el jogging

het trainingspak

el delantal

de/het schort

los guantes

de handschoenen

el botón

de knoop

los anteojos

de bril

la pulsera

de armband

el collar

de ketting

el anillo

de ring

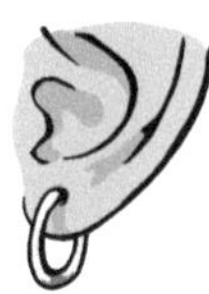

el aro

de oorbel

la gorra

de pet

la percha

de kledinghanger

el sombrero

de hoed

la corbata

de stropdas

el cierre

de rits

el casco

de helm

los tiradores

de bretels

el uniforme escolar

het schooluniform

el uniforme

het uniform

el babero

het slabbetje

el chupete

de speen

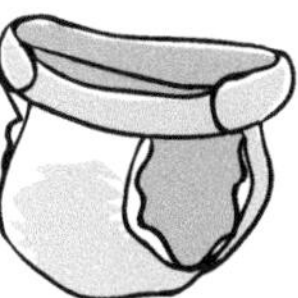

el pañal

de luier

la oficina

het kantoor

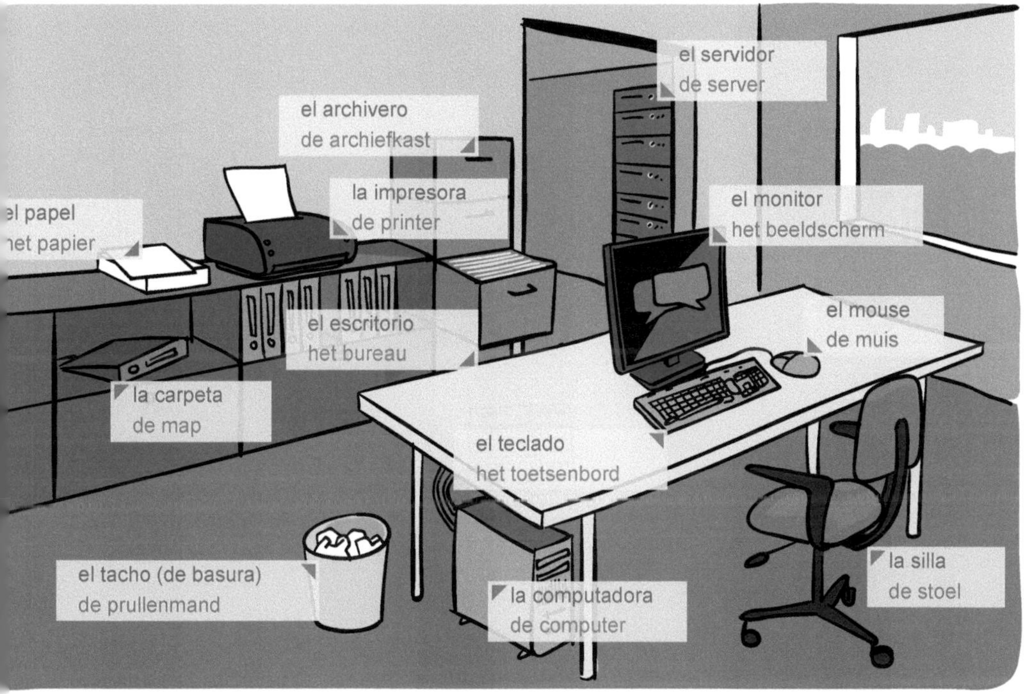

el servidor
de server

el archivero
de archiefkast

la impresora
de printer

el papel
het papier

el monitor
het beeldscherm

el mouse
de muis

el escritorio
het bureau

la carpeta
de map

el teclado
het toetsenbord

el tacho (de basura)
de prullenmand

la silla
de stoel

la computadora
de computer

la taza de café

de koffiemok

la calculadora

de rekenmachine

el internet

het internet

la laptop

de laptop

la carta

de brief

el mensaje

het bericht

el celular

de mobiele telefoon

la red

het netwerk

la fotocopiadora

de kopieermachine

el software

de software

el teléfono

de telefoon

el tomacorriente

het stopcontact

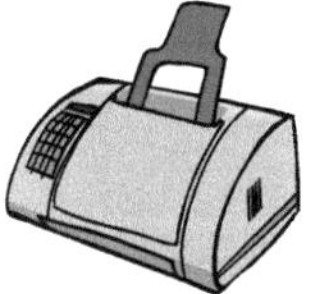

el fax

de fax

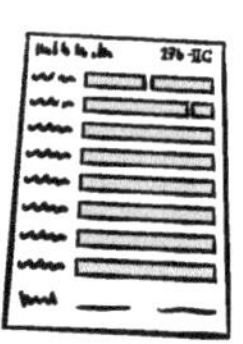

el formulario

het formulier

el documento

het document

la economía
de economie

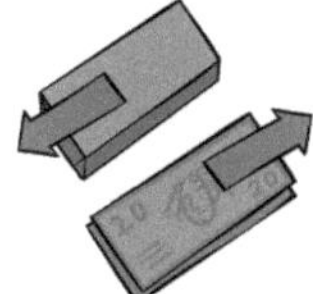

comprar

kopen

pagar

betalen

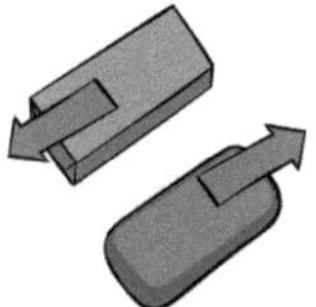

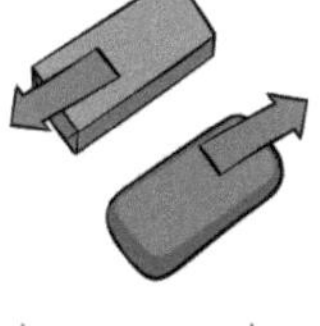

hacer negocios

handel drijven

el dinero

het geld

el dólar

de dollar

el euro

de euro

el yen

de yen

el rublo

de roebel

el franco suizo

de Zwitserse frank

el yuan

de renminbi yuan

la rupia

de roepie

el cajero automático

de geldautomaat

la casa de cambio

het wisselkantoor

el oro

het goud

la plata

het zilver

el petróleo

de olie

la energía

de energie

el precio

de prijs

el contrato

het contract

el impuesto

de belasting

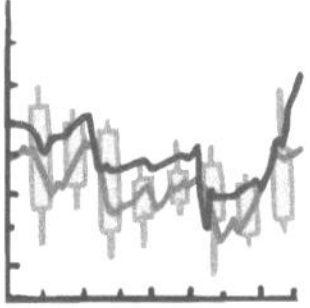

la acción

het aandeel

trabajar

werken

el empleado

de werknemer

el empleador

de werkgever

la fábrica

de fabriek

el negocio

de winkel

las ocupaciones
de beroepen

el policía
de politieagent

el bombero
de brandweerman

el cocinero
de kok

el médico
de dokter

el piloto
de piloot

el jardinero

de tuinman

el carpintero

de timmerman

la modista

de naaister

el juez

de rechter

el farmacéutico

de scheikundige

el actor

de toneelspeler

el colectivero

de buschauffeur

el taxista

de taxichauffeur

el pescador

de visser

la mucama

de schoonmaakster

el techista

de dakdekker

el mozo

de ober

el cazador

de jager

el pintor

de schilder

el panadero

de bakker

el electricista

de elektricien

el albañil

de bouwvakker

el ingeniero

de ingenieur

el carnicero

de slager

el plomero

de loodgieter

el cartero

de postbode

el soldado
....
de soldaat

el arquitecto
....
de architect

el cajero
....
de kassier

el florista
....
de bloemist

el peluquero
....
de kapper

el cobrador
....
de conducteur

el mecánico
....
de monteur

el capitán
....
de kapitein

el dentista
....
de tandarts

el científico
....
de wetenschapper

el rabino
....
de rabbi

el imán
....
de imam

el monje
....
de monnik

el sacerdote
....
de pastoor

las herramientas
het gereedschap

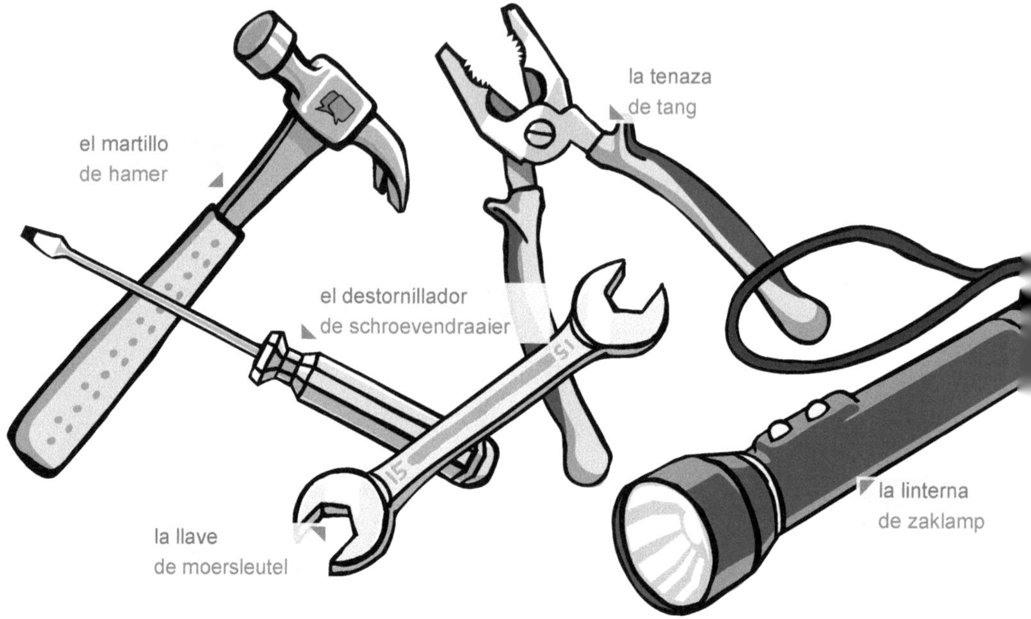

el martillo
de hamer

la tenaza
de tang

el destornillador
de schroevendraaier

la linterna
de zaklamp

la llave
de moersleutel

la excavadora
de graafmachine

la caja de herramientas
de gereedschapskist

la escalera portátil
de ladder

la sierra
de zaag

los clavos
de spijkers

el taladro
de boor

arreglar

repareren

la pala de jardín

de schep

¡Qué bronca!

Verdorie!

la pala de plástico

het stofblik

el tacho de pintura

de verfpot

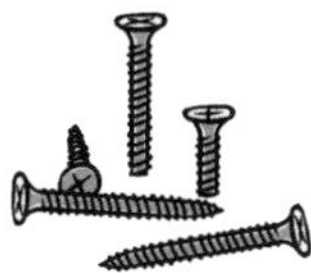

los tornillos

de schroeven

los instrumentos musicales
de muziekinstrumenten

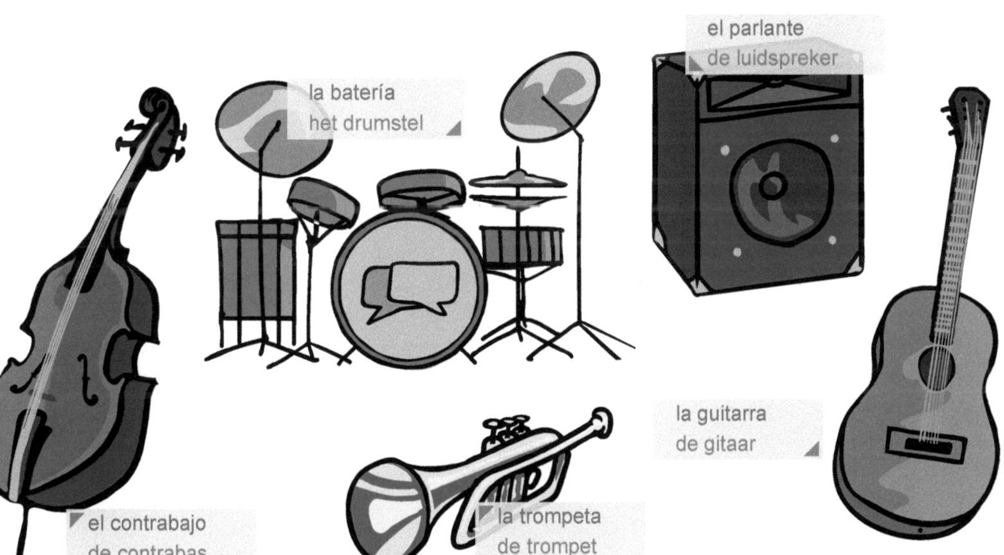

el piano

de piano

el violín

de viool

el bajo

de bas

los timbales

de pauk

el tambor

de trommel

el teclado

het keyboard

el saxofón

de saxofoon

la flauta

de fluit

el micrófono

de microfoon

el zoológico
de dierentuin

la entrada
de ingang

el tigre
de tijger

la jaula
de kooi

la cebra
de zebra

el alimento para animales
het dierenvoer

el oso panda
de panda

los animales

de dieren

el elefante

de olifant

el canguro

de kangoeroe

el rinoceronte

de neushoorn

el gorila

de gorilla

el oso

de beer

el camello

de kameel

el avestruz

de struisvogel

el león

de leeuw

el mono

de aap

el flamenco

de flamingo

el loro

de papegaai

el oso polar

de ijsbeer

el pingüino

de pinguïn

el tiburón

de haai

el pavo real

de pauw

la serpiente

de slang

el cocodrilo

de krokodil

el cuidador del zoológico

de dierenverzorger

la foca

de zeehond

el jaguar

de jaguar

el poni

de pony

el leopardo

de/het luipaard

el hipopótamo

het nijlpaard

la jirafa

de giraffe

el águila

de adelaar

el jabalí

het wild zwijn

el pescado

de vis

la tortuga

de schildpad

la morsa

de walrus

el zorro

de vos

la gacela

de gazelle

los deportes
de sport

las actividades

de activiteiten

saltar
springen

abrazar
knuffelen

reír
lachen

caminar
lopen

cantar
zingen

soñar
dromen

rezar
bidden

besar
kussen

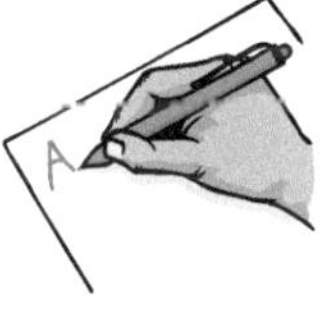

escribir

schrijven

dibujar

tekenen

mostrar

tonen

presionar

duwen

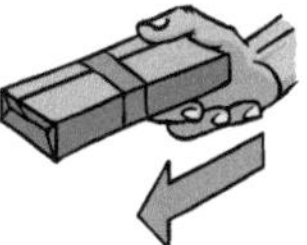

dar

geven

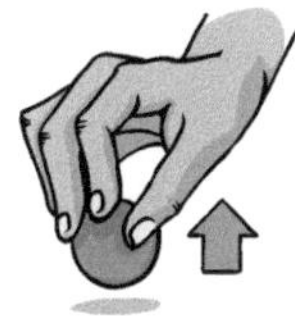

tomar

oppakken

tener

hebben

hacer

doen

ser

zijn

estar parado

staan

correr

rennen

tirar

trekken

tirar

gooien

caer

vallen

estar acostado

liggen

esperar

wachten

llevar

dragen

estar sentado

zitten

vestirse

aankleden

dormir

slapen

despertar

wakker worden

mirar
bekijken

llorar
huilen

acariciar
strelen

peinar
kammen

hablar
praten

entender
begrijpen

preguntar
vragen

escuchar
horen

beber
drinken

comer
eten

ordenar
opruimen

amar
houden van

cocinar
koken

manejar
rijden

volar
vliegen

navegar

zeilen

calcular

rekenen

leer

lezen

aprender

leren

trabajar

werken

casarse

trouwen

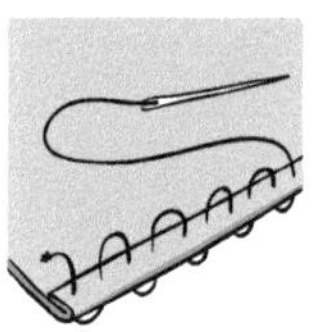

coser

naaien

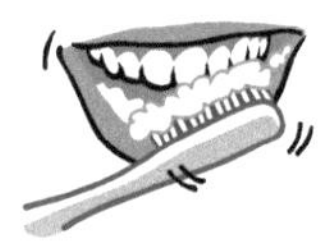

cepillarse los dientes

tandenpoetsen

matar

doden

fumar

roken

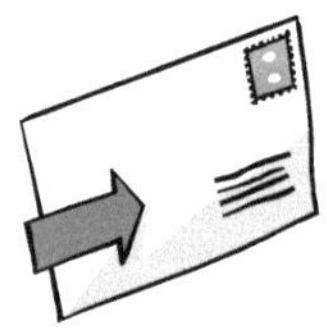

enviar

verzenden

la familia
de familie

abuela
grootmoeder

el abuelo
de grootvader

el padre
de vader

la madre
de moeder

el bebé
de baby

la hija
de dochter

el hijo
de zoon

el invitado

de gast

la tía

de tante

el tío

de oom

el hermano

de broer

la hermana

de zus

el cuerpo
het lichaam

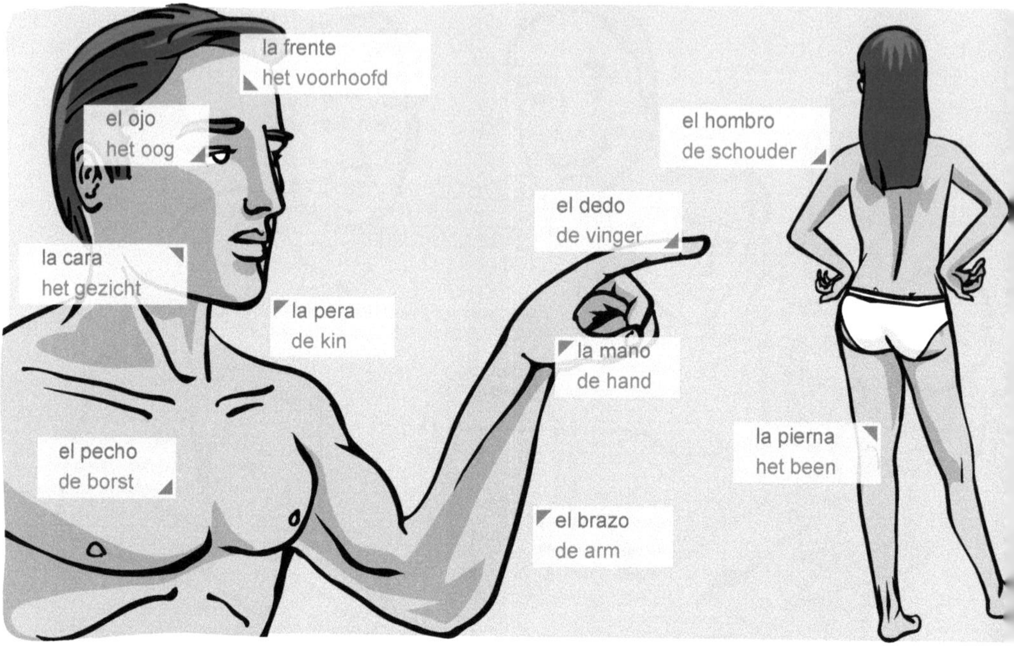

la frente
het voorhoofd

el ojo
het oog

el hombro
de schouder

el dedo
de vinger

la cara
het gezicht

la pera
de kin

la mano
de hand

la pierna
het been

el pecho
de borst

el brazo
de arm

el bebé

de baby

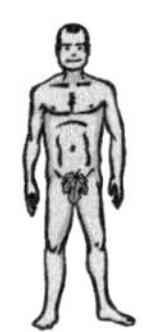

el hombre

de man

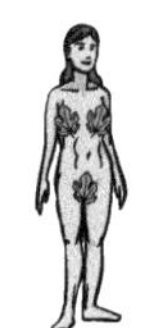

la mujer

de vrouw

la nena

het meisje

el nene

de jongen

la cabeza

het hoofd

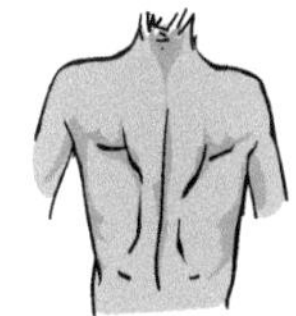

la espalda

de rug

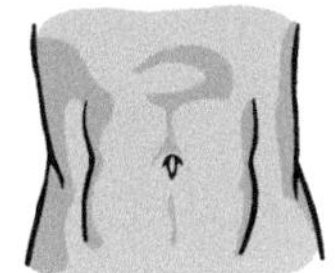

la panza

de buik

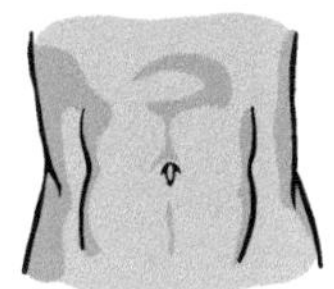

el ombligo

de navel

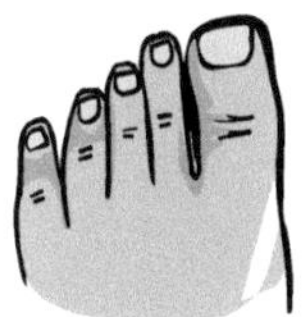

el dedo del pie

de teen

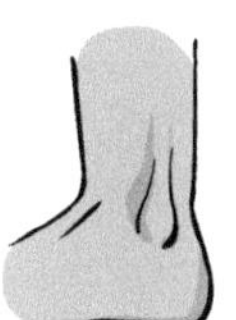

el talón

de hiel

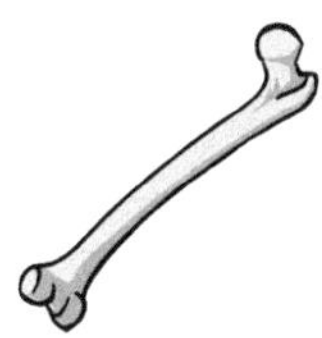

el hueso

het bot

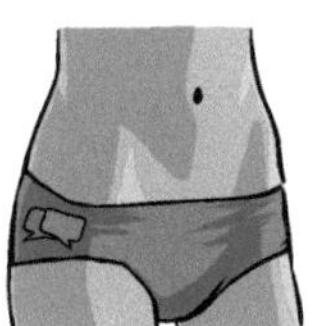

la cadera

de heup

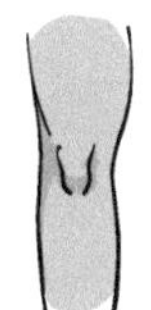

la rodilla

de knie

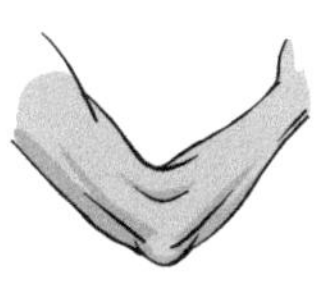

el codo

de elleboog

la nariz

de neus

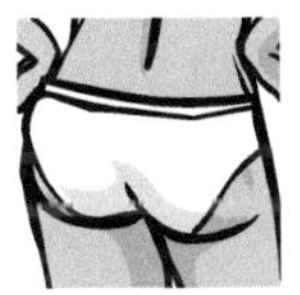

la cola

het achterwerk

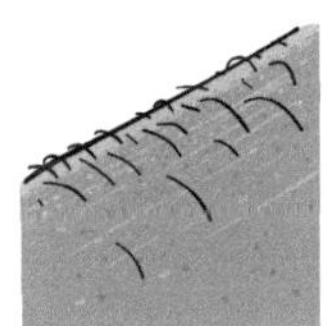

la piel

de huid

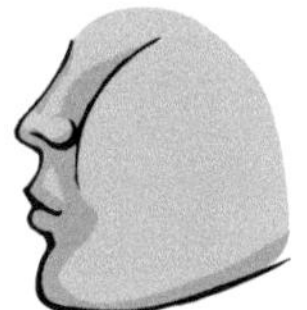

el cachete

de wang

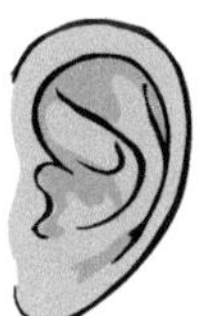

la oreja

het oor

el labio

de lippen

la boca

de mond

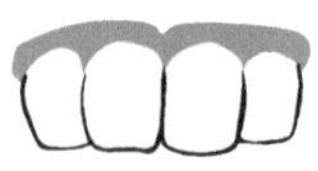

el diente

de tand

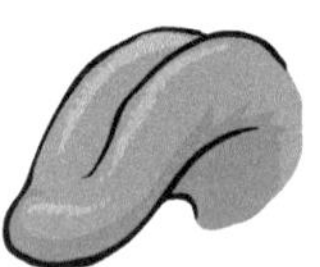

la lengua

de tong

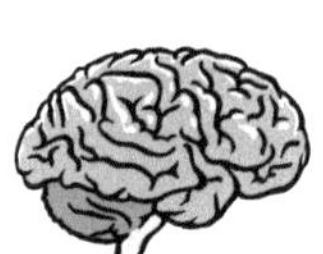

el cerebro

de hersenen

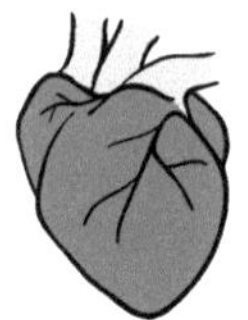

el corazón

het hart

el músculo

de spier

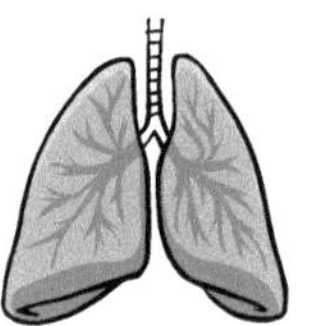

el pulmón

de long

el hígado

de lever

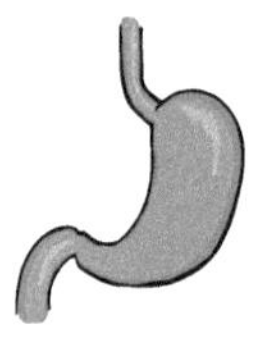

el estómago

de maag

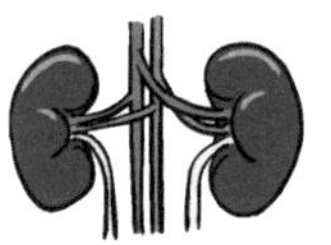

los riñones

de nieren

el sexo

de geslachtsgemeenschap

el preservativo

het condoom

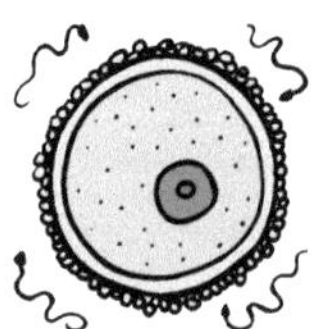

el óvulo

de eicel

el semen

het sperma

el embarazo

de zwangerschap

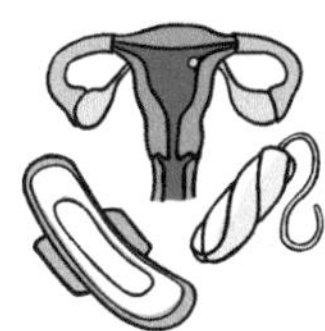

la menstruación

de menstruatie

la vagina

de vagina

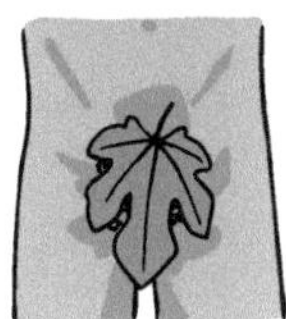

el pene

de penis

la ceja

de wenkbrauw

el pelo

het haar

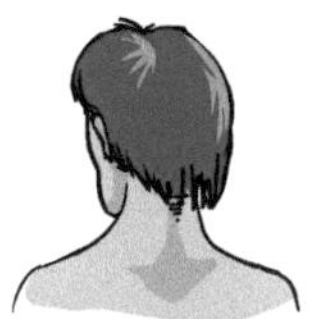

el cuello

de hals

el hospital
het ziekenhuis

el hospital
het ziekenhuis

la ambulancia
de ambulance

la silla de ruedas
de rolstoel

la fractura
de fractuur

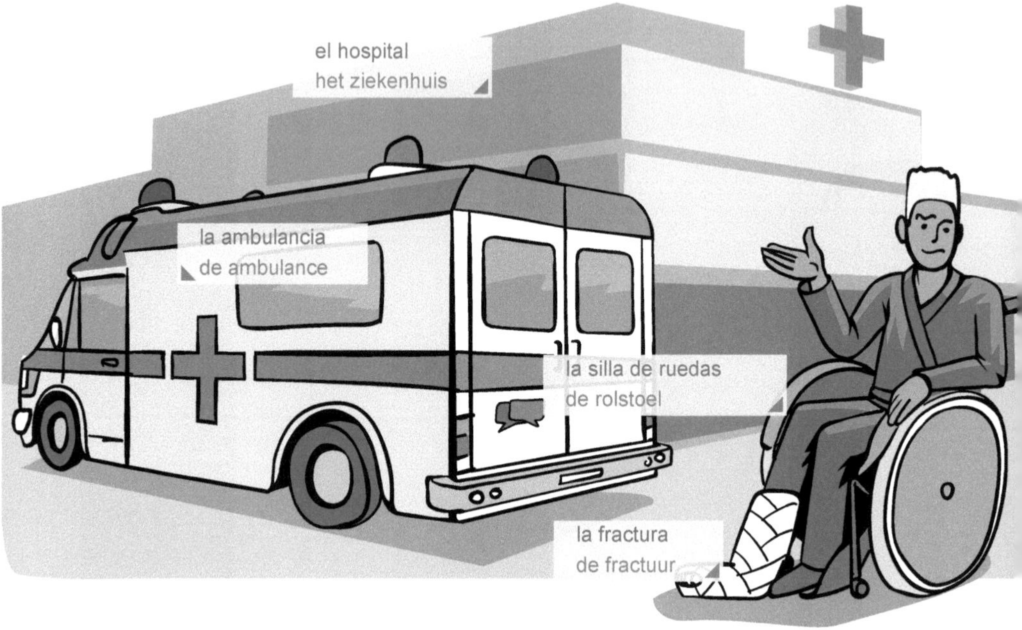

el médico

de dokter

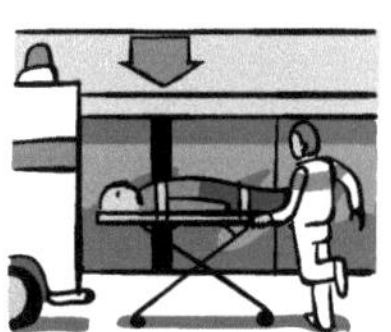

la sala de guardia

de EHBO

la enfermera

de verpleegster

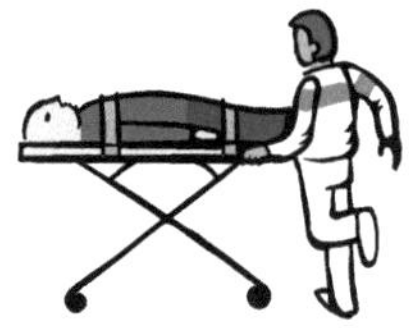

la emergencia

het noodgeval

inconsciente

bewusteloos

el dolor

de pijn

la lesión

de verwonding

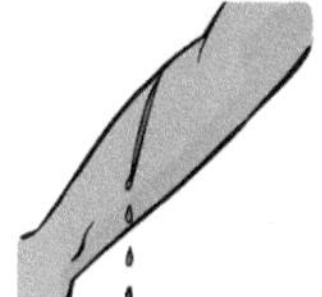

la hemorragia

de bloeding

el infarto

de hartaanval

el ACV

de beroerte

la alergia

de allergie

la tos

de hoest

la fiebre

de koorts

la gripe

de griep

la diarrea

de diarree

el dolor de cabeza

de hoofdpijn

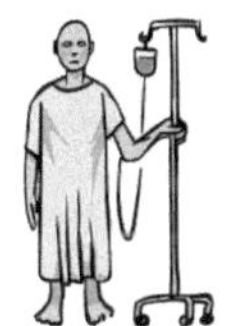

el cáncer

de kanker

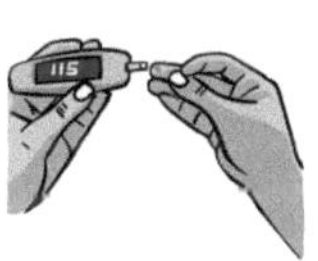

la diabetes

de diabetes

el cirujano

de chirurg

el bisturí

het scalpel

la operación

de operatie

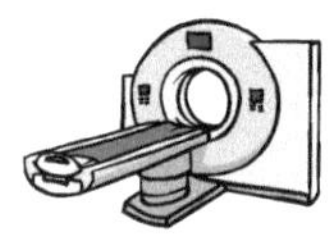

la TC

de CT

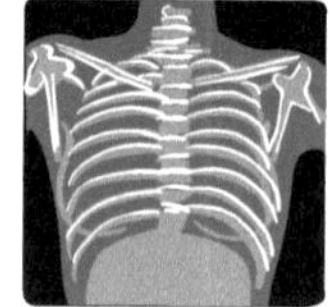

los rayos x

de röntgen

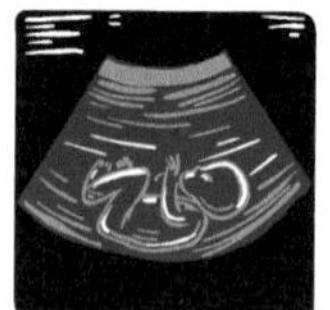

la ecografía

de echografie

el barbijo

het gezichtsmasker

la enfermedad

de ziekte

la sala de espera

de wachtkamer

la muleta

de kruk

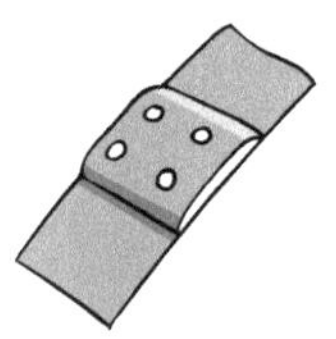

la curita

de pleister

la venda

het verband

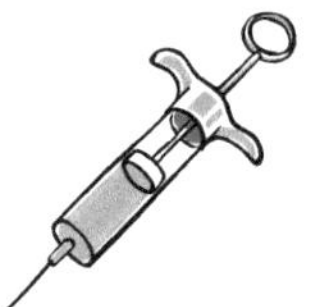

la inyección

de injectie

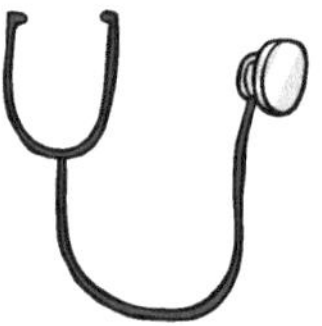

el estetoscopio

de stethoscoop

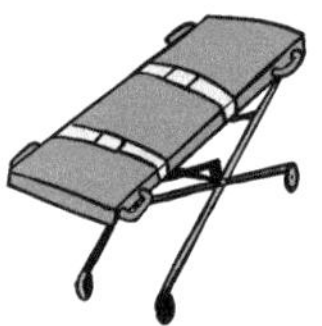

la camilla

de brancard

el termómetro

de thermometer

el nacimiento

de geboorte

el sobrepeso

het overgewicht

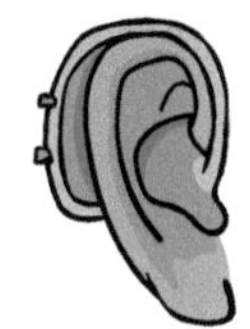

el audífono

het gehoorapparaat

el desinfectante

het ontsmettingsmiddel

la infección

de infectie

el virus

het virus

el VIH / SIDA

(de) HIV / AIDS

el remedio

het medicijn

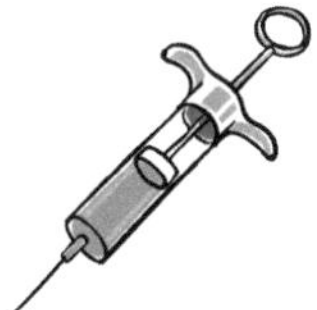

la vacunación

de inenting

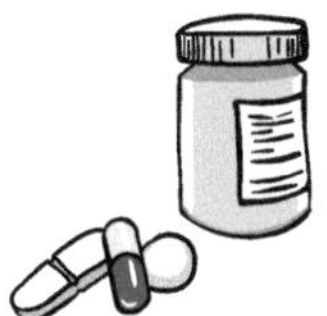

los comprimidos

de tabletten

la pastilla anticonceptiva

de pil

llamada de emergencia

het alarmnummer

el tensiómetro

de bloeddrukmeter

enfermo / sano

ziek / gezond

la emergencia
het noodgeval

¡Ayuda!

Help!

la alarma

het alarm

la agresión

de overval

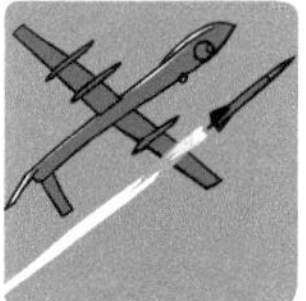

el ataque

de aanval

el peligro

het gevaar

la salida de emergencia

de nooduitgang

¡Fuego!

Brand!

el matafuego

de brandblusser

el accidente

het ongeluk

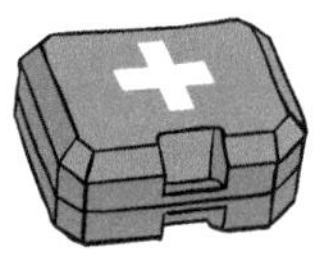

el botiquín de primeros auxilios

de EHBO-koffer

el SOS

SOS

la policía

de politie

la Tierra
de aarde

Europa

Europa

América del Norte

Noord-Amerika

América del Sur

Zuid-Amerika

África

Afrika

Asia

Azië

Australia

Australië

el Atlántico

de Atlantische Oceaan

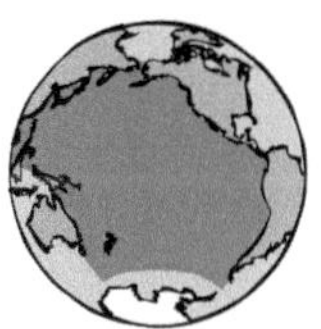

el Pacífico

de Stille Oceaan

el Océano Índico

de Indische Oceaan

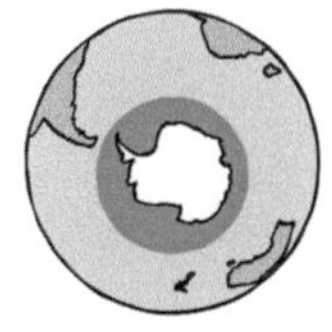

el Océano Antártico

de Zuidelijke Oceaan

el Océano Ártico

de Noordelijke IJszee

el polo norte

de Noordpool

el polo sur

de Zuidpool

la Antártida

Antarctica

la Tierra

de aarde

la tierra

het land

el mar

de zee

la isla

het eiland

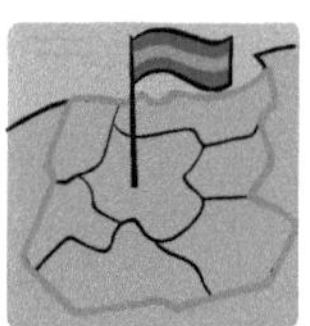

la nación

de natie

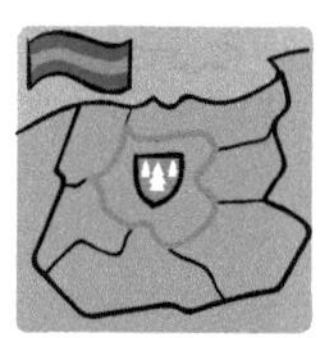

el estado

de staat

la esfera

de wijzerplaat

la manecilla de las horas

de uurwijzer

el minutero

de minutenwijzer

el segundero

de secondewijzer

¿Qué hora es?

Hoe laat is het?

el día

de dag

la hora

de tijd

ahora

nu

el reloj digital

het digitaal horloge

el minuto

de minuut

la hora

het uur

la semana

de week

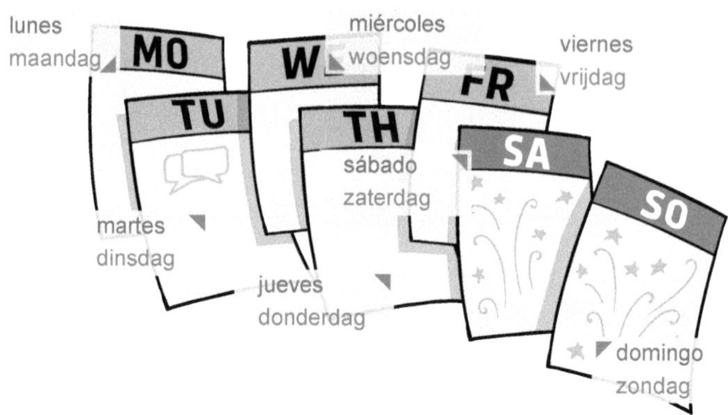

ayer

gisteren

hoy

vandaag

mañana

morgen

la mañana

de ochtend

el mediodía

de middag

la tarde

de avond

MO	TU	WE	TH	FR	SA	SU
1	2	3	4	5	6	7
8	9	10	11	12	13	14
15	16	17	18	19	20	21
22	23	24	25	26	27	28
29	30	31	1	2	3	4

los días hábiles

de werkdagen

MO	TU	WE	TH	FR	SA	SU
1	2	3	4	5	6	7
8	9	10	11	12	13	14
15	16	17	18	19	20	21
22	23	24	25	26	27	28
29	30	31	1	2	3	4

el fin de semana

het weekend

el año
het jaar

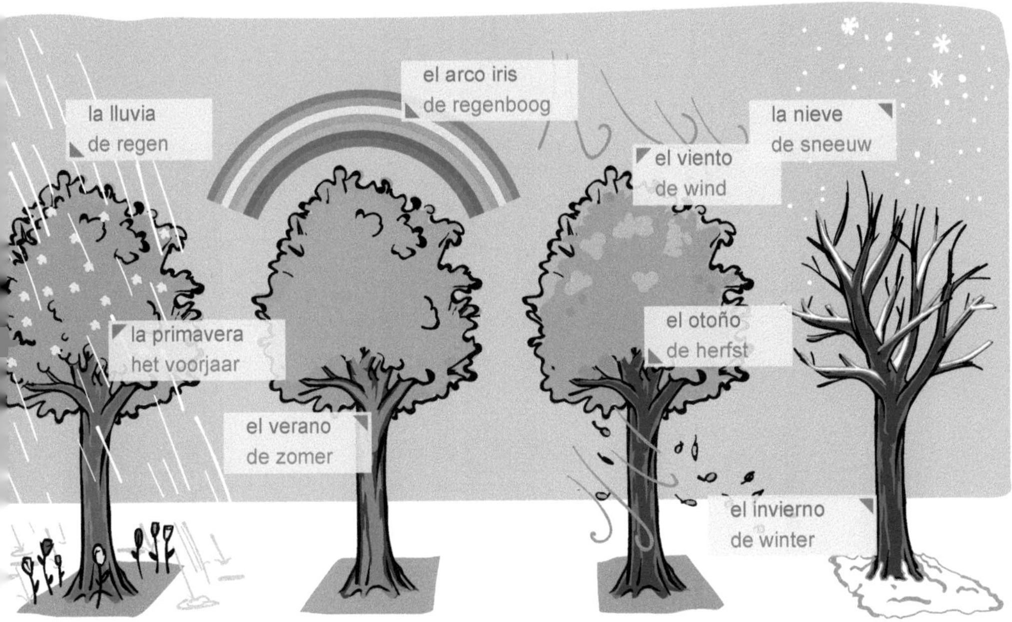

la lluvia
de regen
el arco iris
de regenboog
la nieve
de sneeuw
el viento
de wind
la primavera
het voorjaar
el otoño
de herfst
el verano
de zomer
el invierno
de winter

4.APRIL 11°
5.APRIL 4°
6.APRIL 13°
7.APRIL 8°
8.APRIL 10°

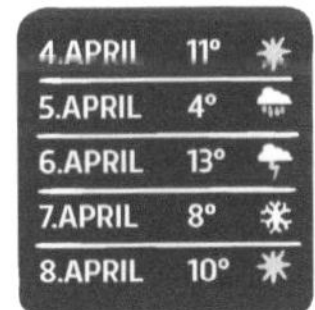

pronóstico meteorológico

het weerbericht

F C
120 90 60 30 0 -30
40 30 20 10 0 -10 -20

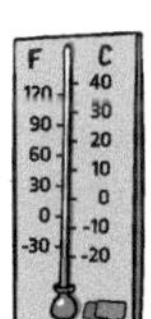

el termómetro

de thermometer

la luz del sol

de zonneschijn

la nube

de wolk

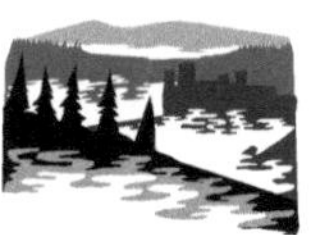

la niebla

de mist

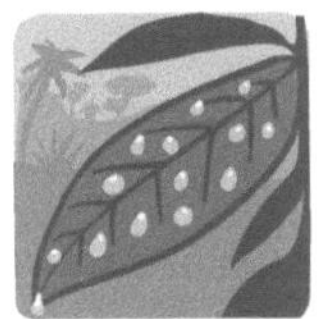

la humedad

de luchtvochtigheid

el rayo

de bliksem

el trueno

de donder

la tormenta

de storm

el granizo

de hagel

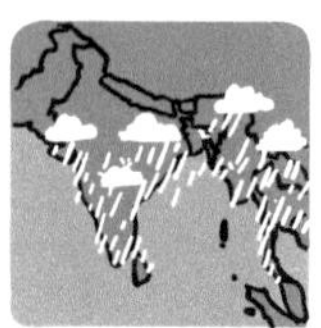

el monzón

de moesson

la inundación

de overstroming

el hielo

het ijs

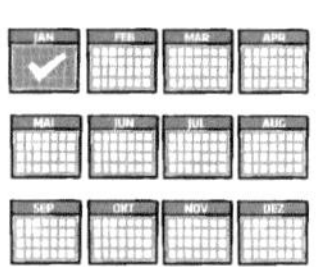

enero

januari

febrero

februari

marzo

maart

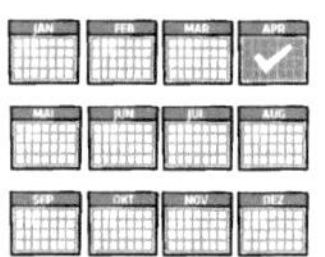

abril

april

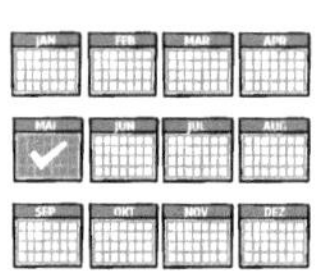

mayo

mei

junio

juni

julio

juli

agosto

augustus

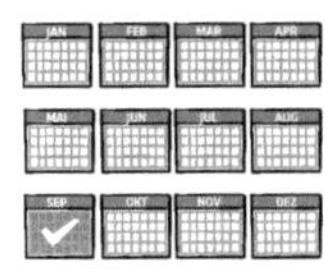

septiembre

september

octubre

oktober

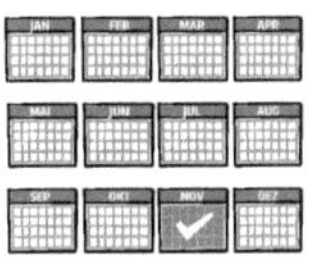

noviembre

november

diciembre

december

las formas
de vormen

el círculo

de cirkel

el cuadrado

het vierkant

el rectángulo

de rechthoek

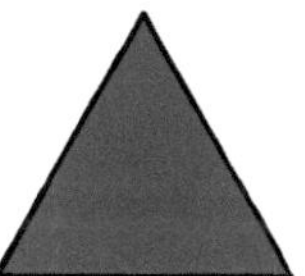

el triángulo

de driehoek

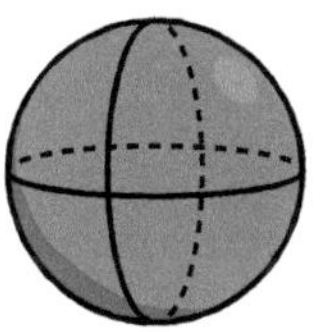

la esfera

de bol

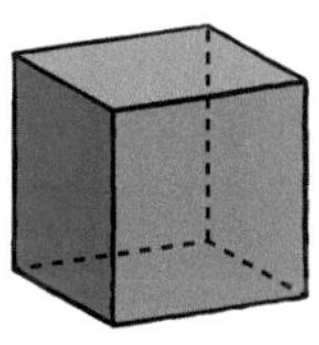

el cubo

de kubus

colores
de kleuren

blanco

wit

amarillo

geel

naranja

oranje

rosa

roze

rojo

rood

violeta

paars

azul

blauw

verde

groen

marrón

bruin

gris

grijs

negro

zwart

los opuestos
de tegenstellingen

mucho / poco

veel / weinig

enojado / tranquilo

boos / rustig

lindo / feo

mooi / lelijk

el principio / el fin

begin / einde

grande / chico

groot / klein

claro / oscuro

licht / donker

l hermano / la hermana

broer / zus

limpio / sucio

schoon / vies

completo / incompleto

volledig / onvolledig

el día / la noche

dag/ nacht

muerto / vivo

dood / levend

ancho / angosto

breed / smal

comestible / no comestible

eetbaar / oneetbaar

malo / amable

gemeen / aardig

entusiasmado / aburrido

opgewonden / verveeld

gordo / flaco

dik / dun

primero / último

eerste / laatste

el amigo / el enemigo

vriend / vijand

lleno / vacío

vol / leeg

duro / blando

hard / zacht

pesado / liviano

zwaar / licht

el hambre / la sed

honger / dorst

enfermo / sano

ziek / gezond

ilegal / legal

illegaal / legaal

inteligente / estúpido

intelligent / dom

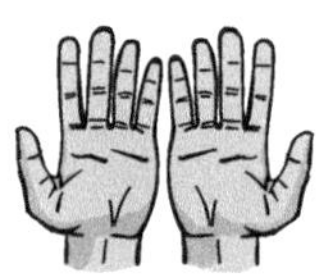

izquierda / derecha

links / rechts

cerca / lejos

dichtbij / ver

nuevo / usado

nieuw / gebruikt

nada / algo

niets / iets

viejo / joven

oud / jong

encendido / apagado

aan / uit

abierto / cerrado

open / gesloten

silencioso / ruidoso

zacht / luid

rico / pobre

rijk / arm

correcto / incorrecto

goed / fout

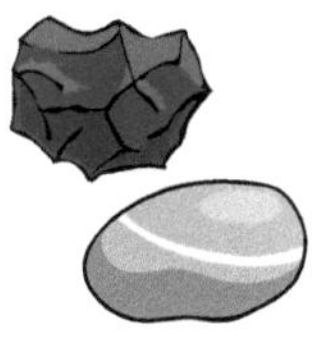

áspero / suave

ruw / glad

triste / contento

verdrietig / gelukkig

corto / largo

kort / lang

lento / rápido

langzaam / snel

mojado / seco

nat / droog

caliente / frío

warm / koel

guerra / paz

oorlog / vrede

los números
de getallen

cero
nul

1

uno
één

2

dos
twee

3

tres
drie

4

cuatro
vier

5

cinco
vijf

6

seis
zes

7

siete
zeven

8

ocho
acht

9

nueve
negen

10

diez
tien

11

once
elf

12

doce

twaalf

13

trece

dertien

14

catorce

veertien

15

quince

vijftien

16

dieciséis

zestien

17

diecisiete

zeventien

18

dieciocho

achttien

19

diecinueve

negentien

20

veinte

twintig

100

cien

honderd

1.000

mil

duizend

1.000.000

el millón

miljoen

los idiomas
de talen

el inglés

Engels

el inglés americano

Amerikaans Engels

el chino mandarín

Chinees Mandarijn

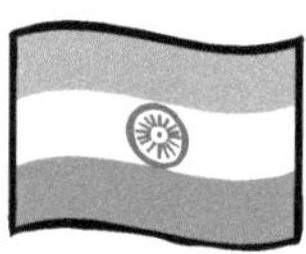

el hindi

Hindi

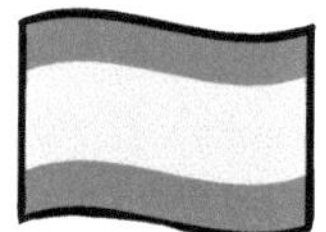

el español

Spaans

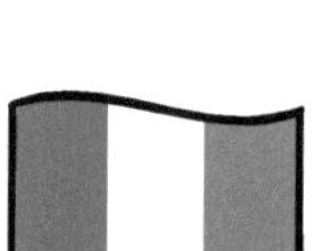

el francés

Frans

el árabe

Arabisch

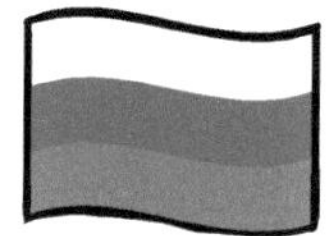

el ruso

Russisch

el portugués

Portugees

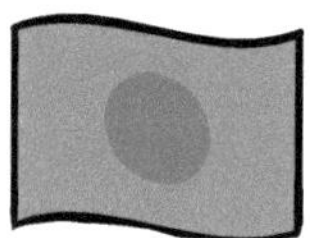

el bengalí

Bengalees

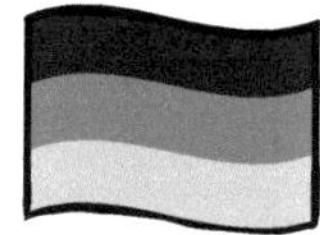

el alemán

Duits

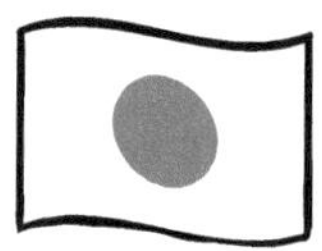

el japonés

Japans

quién / qué / cómo
wie / wat / hoe

yo

ik

vos

jij

él / ella

hij / zij / het

nosotros

wij

ustedes

jullie

ellos

zij

¿quién?

wie?

¿qué?

wat?

¿cómo?

hoe?

¿dónde?

waar?

¿cuándo?

wanneer?

el nombre

de naam

dónde
waar

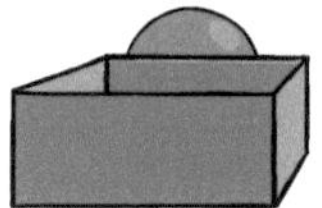

detrás

achter

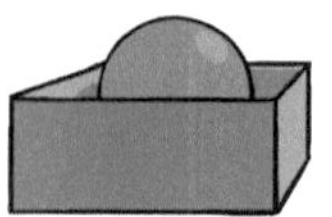

en

in

adelante de

voor

por encima de

boven

sobre

op

debajo de

onder

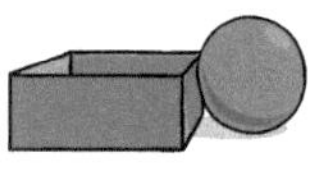

al lado de

naast

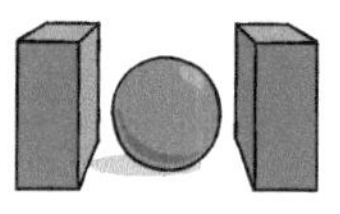

entre

tussen

el lugar

plaats